Je m'entraîne avec la méthode de Singapour

Maths CP

Cette édition française est adaptée des volumes 1A et 1B de la collection Primary Mathematics conçue par le ministère de l'Éducation de Singapour.

Nous voulons exprimer notre reconnaissance envers l'équipe projet qui a développé le manuel original :

Directeur de projet :
Dr Kho Tek Hong

Membres de l'équipe :
Chee Kum Hoong, Hector
Liang Hin Hoon
Lim Eng Tann
Lim Hui Cheng, Rosalind
Ng Hwee Wan
Ng Siew Lee

Édition originale publiée sous le titre : *Primary Mathematics Textbook 1A & 1B Third Edition.*

Publié par Marshall Cavendish International (Singapour) Pte Ltd.

la librairie des écoles

7, place des Cinq Martyrs du Lycée Buffon 75015 PARIS
www.lalibrairiedesecoles.com

Table des matières

Chapitre 1	**Les nombres de 0 à 10**	**6**
	1. Compter	6
Chapitre 2	**Les liens entre les nombres**	**16**
	1. Petites histoires de nombres	16
Chapitre 3	**L'addition**	**24**
	1. Petites histoires d'additions	24
	2. Additionner en utilisant les liens entre les nombres	30
	3. Autres méthodes pour additionner	33
Chapitre 4	**La soustraction**	**38**
	1. Petites histoires de soustractions	38
	2. Soustraire en utilisant les liens entre les nombres	44
	3. Autres méthodes pour soustraire	48
Chapitre 5	**Les nombres ordinaux**	**52**
	1. Nommer les positions	52
Chapitre 6	**Les nombres jusqu'à 20**	**54**
	1. Compter et comparer	54
	2. Additionner et soustraire	62
Chapitre 7	**Les formes**	**68**
	1. Les formes simples	68
Chapitre 8	**La longueur**	**78**
	1. Comparer des longueurs	78
	2. Mesurer des longueurs	82
Chapitre 9	**La masse**	**84**
	1. Comparer des masses	84
	2. Mesurer des masses : peser	87
	3. Le kilogramme	89
Chapitre 10	**La comparaison de nombres**	**90**
	1. Comparer deux nombres	90
	2. Comparer par soustraction	94

Chapitre 11 **Les tableaux** **98**
1. Faire un tableau 98

Chapitre 12 **Les nombres jusqu'à 40** **102**
1. Compter 102
2. Dizaines et unités 110
3. Additionner et soustraire 116
4. Additionner trois nombres 124

Chapitre 13 **La multiplication** **126**
1. Additionner des groupes égaux 126
2. Petites histoires de multiplications 130
3. Multiplier avec un résultat inférieur à 40 134

Chapitre 14 **La division** **138**
1. Partager et regrouper 138

Chapitre 15 **Les moitiés et les quarts** **144**
1. Former des moitiés et des quarts 144

Chapitre 16 **L'heure** **146**
1. Lire l'heure 146

Chapitre 17 **Les nombres jusqu'à 100** **150**
1. Les dizaines et les unités 150
2. L'ordre des nombres 162
3. Additionner avec un total inférieur à 100 167
4. Soustraire les nombres inférieurs à 100 172

Chapitre 18 **Les euros** **178**
1. Les billets et les pièces 178
2. Faire les courses 184

Corrigés **187**

Quelques conseils

1 Du concret vers l'abstrait

Grâce à la manipulation d'objets, aux nombreuses illustrations et aux schémas simples, la *Méthode de Singapour* permet à votre enfant de visualiser les nombres et de donner un sens aux mathématiques.

→ CONCRÈTE

Situation
de la vie courante

→ IMAGÉE

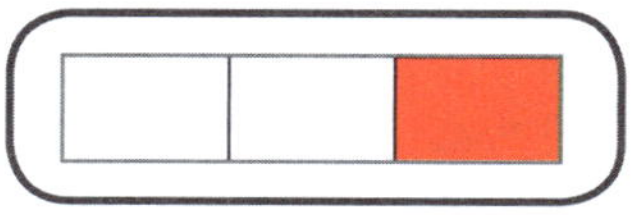

Représentation par
des schémas simples

→ ABSTRAITE

$2 + 1 = 3$

Utilisation de chiffre
et de symboles

2 Une méthode explicite

Guidez votre enfant en lui parlant, en lui expliquant et en lui posant de nombreuses questions. Encouragez-le à faire de même en mettant « un haut-parleur sur sa pensée ».

3 Résoudre des problèmes

Valorisez les efforts de votre enfant dans ses succès, comme dans ses erreurs. La *Méthode de Singapour* offre à votre enfant des outils efficaces et ludiques pour résoudre tous les types de problème, des plus simples aux plus compliqués.

Combien de ballons reste-t-il ?

Mode d'emploi

1. J'apprends

En début de leçon, l'enfant commence à aborder chaque notion par l'observation. Quand c'est possible, proposez à votre enfant des activités de manipulation identiques à celles représentées dans le cahier.

➜ *Montrez l'illustration à votre enfant et commentez-la avec lui.*

2. J'applique

Immédiatement après, l'enfant commence les exercices d'application.

➜ *Faites les exercices avec votre enfant, en réfléchissant avec lui à voix haute.*

3. Corrigés

Vérifiez les résultats sur les corrigés.

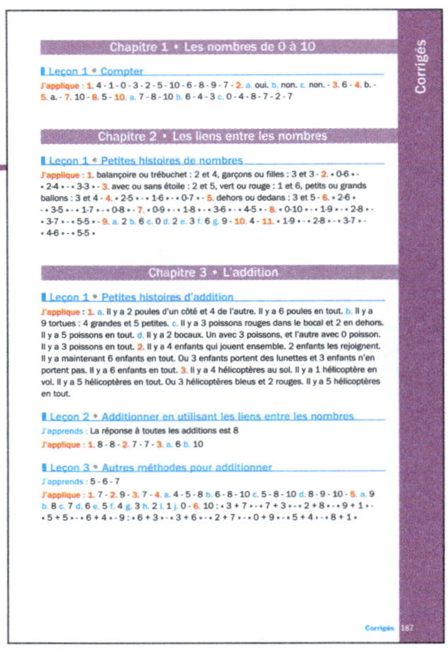

Activité de manipulation

Chapitre 1 Les nombres de 0 à 10

Leçon 1 • Compter

J'apprends

0

1

2

J'apprends

3

4

5

J'apprends

6

7

8

J'apprends

9

10

J'applique

1 Compte.

2 Ces ensembles ont-ils le même nombre d'éléments ?

a

b

c

3 Combien y a-t-il de papillons ?

4 Quel est l’ensemble le **plus** nombreux ?

a

b

5 Quel est l’ensemble le **moins** nombreux ?

a

b

6 Compte de 1 à 10.

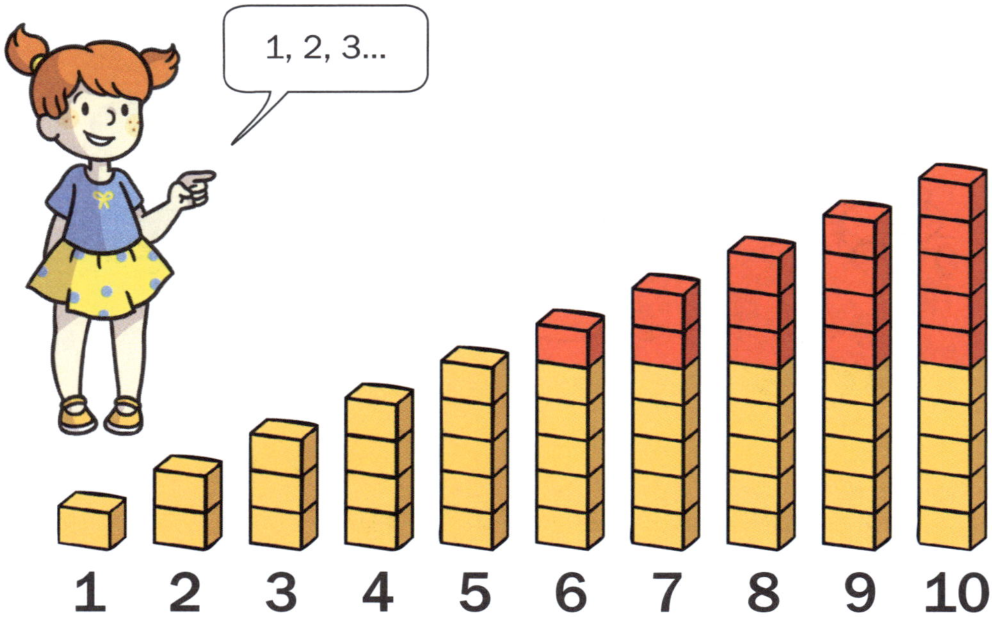

7 Quel est le nombre suivant ?

6 → 7 → 8 → 9 → ☐

8 Quel est le nombre suivant ?

☐

9 Compte à rebours.

10 Quels sont les nombres manquants ?

a

4	5	6			9	

b

9	8	7		5		

c

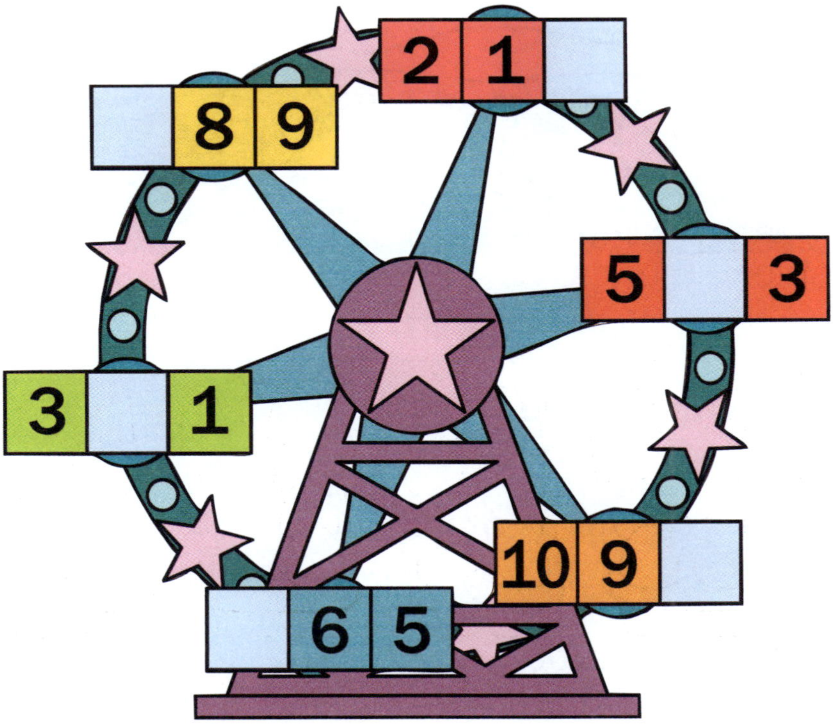

Chapitre 2 Les liens entre les nombres

Leçon 1 • Petites histoires de nombres

J'apprends

Raconte une histoire au sujet de ces 5 pingouins.

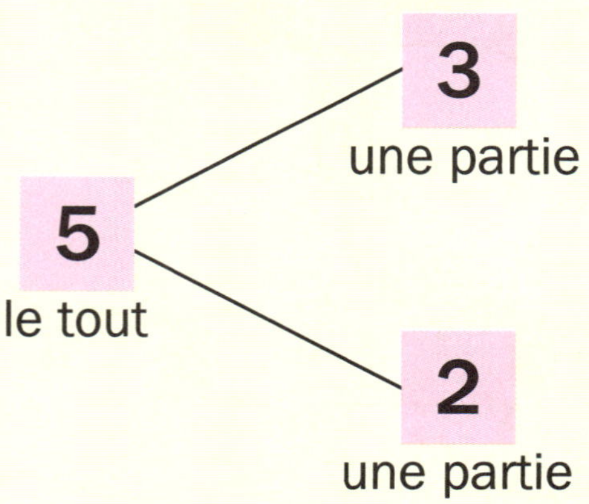

J'apprends

Raconte d'autres histoires au sujet de ces 5 pingouins.

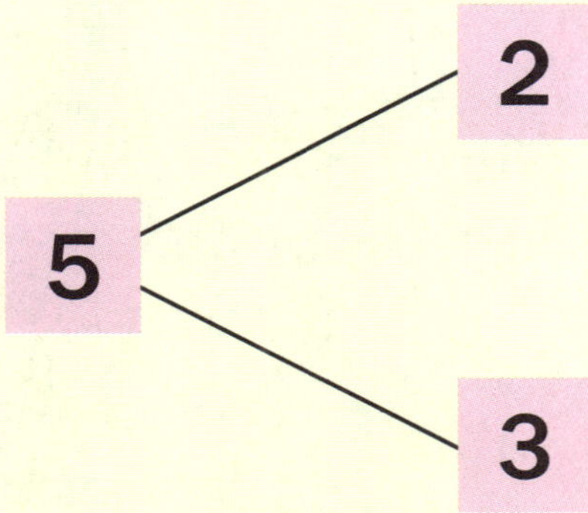

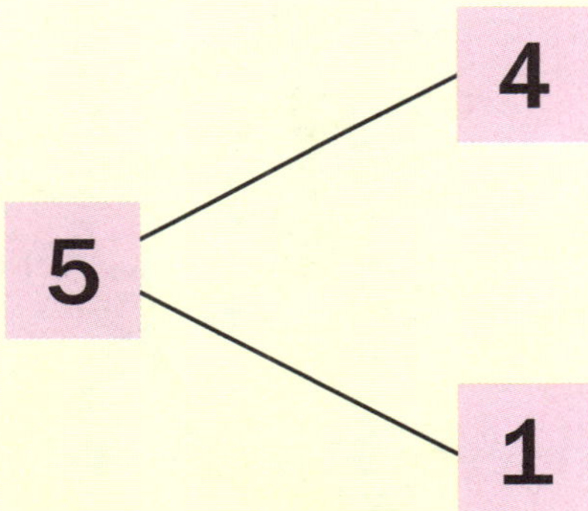

J'applique

1 Raconte autant d'histoires que tu peux sur les 6 enfants.

2 Trouve les autres paires de nombres qui font 6.

3 Raconte autant d'histoires que tu peux sur les 7 ballons.

4 Trouve les autres paires de nombres qui font 7.

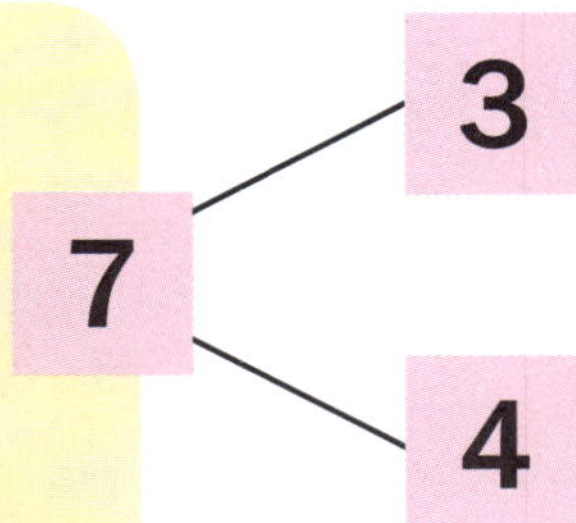

5 Raconte une histoire sur les 8 lapins.

6 Trouve les autres paires de nombres qui font 8.

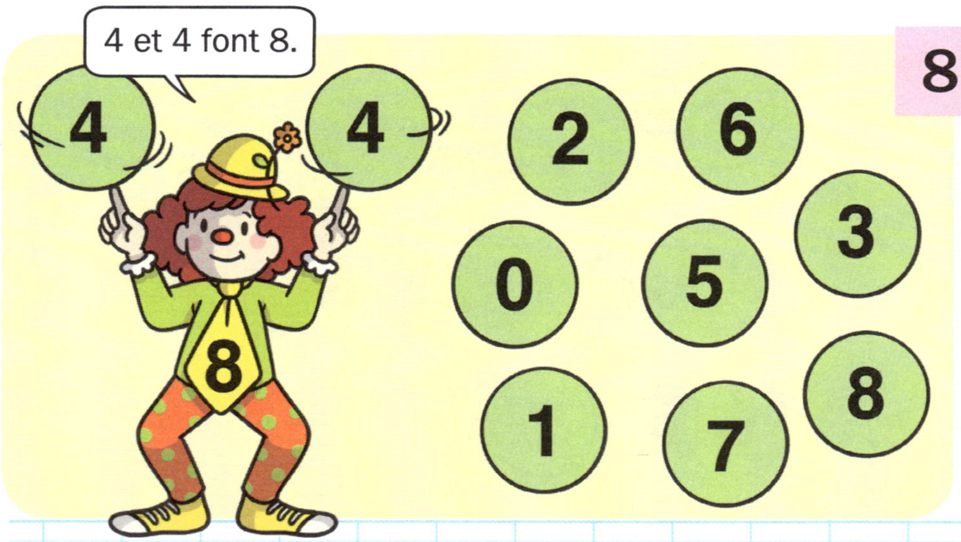

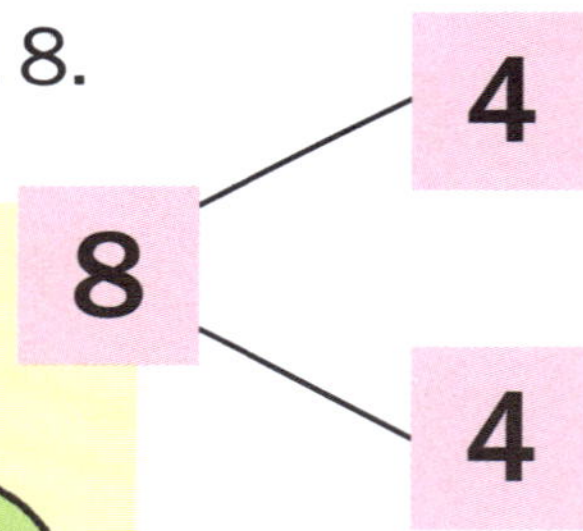

7 Trouve les autres paires de nombres qui font 9.

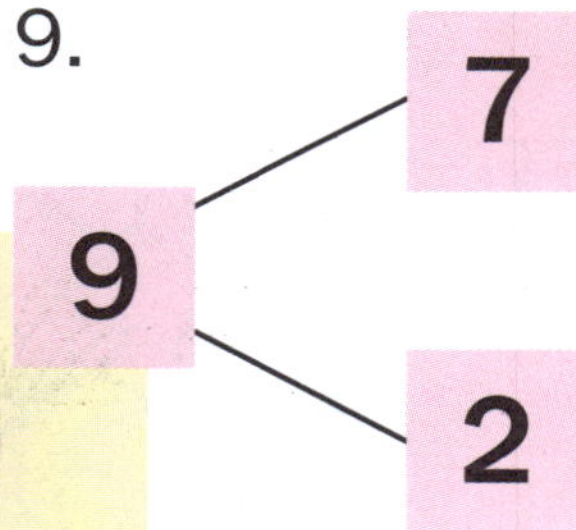

8 Trouve les autres paires de nombres qui font 10.

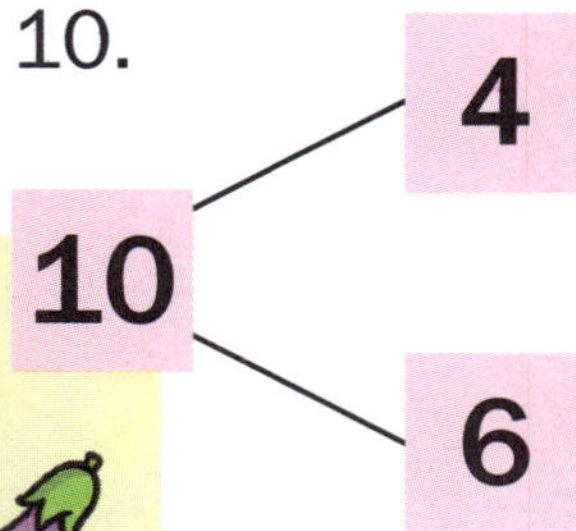

9 Quels sont les nombres manquants ?

a

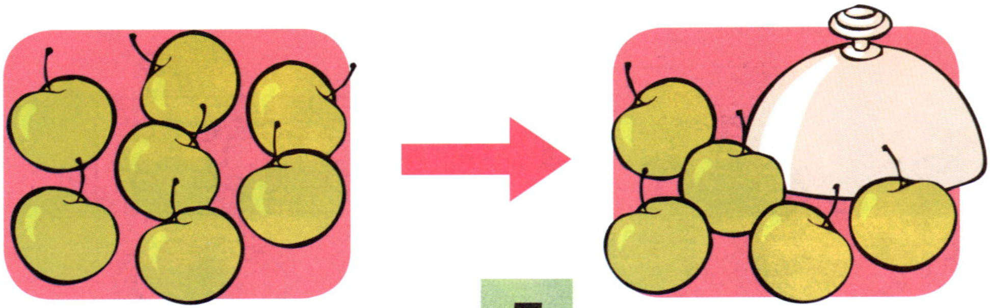

7 → 5 ; …

b

8 → … ; 2

c

5 → 5 ; …

d

4 → 2 ; …

e

… → 2 ; 1

f

… → 4 ; 2

g

… → 5 ; 4

10 Complète.

6 et ☐ font **10**.

11 Tu joues aux cartes avec l'un de tes parents.

Associie les cartes par deux pour faire 10.

0 1 2 3 4 5

6 7 8 9 10

Fais avec ces cartes autant de 10 que tu peux.

7 et 3 font **10**.

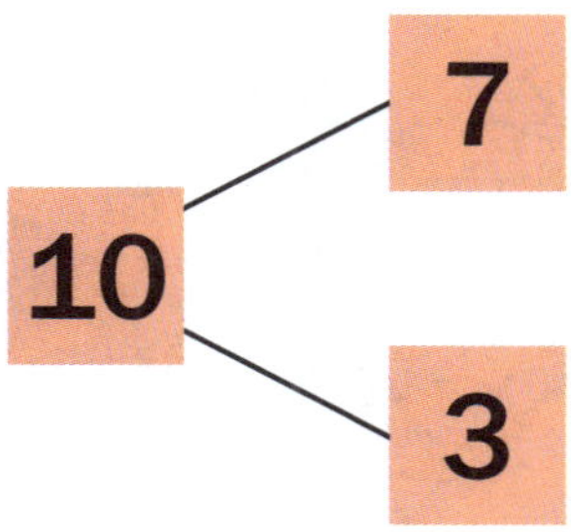

☐ et ☐ font **10**.

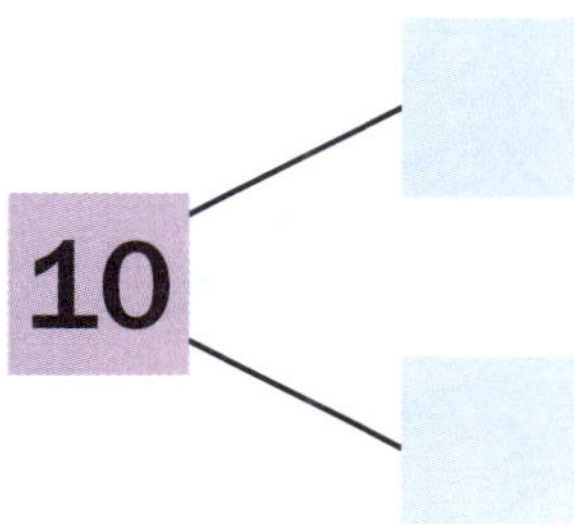

Chapitre 3

L'addition

Leçon 1 • Petites histoires d'additions

J'apprends

J'apprends

3 papillons butinent.
4 papillons volent.
Il y a 7 papillons en tout.

En mathématiques, on traduira cette histoire par une **opération** appelée « **addition** » :

3 papillons + 4 papillons = 7 papillons

\+ est le signe de l'**addition**.
Il sert à **réunir**.

Additionne 3 et 4.
La réponse est 7.

J'apprends

Il y a 6 fleurs rouges.
Il y a 4 fleurs orange.
Il y a 10 fleurs en tout.

6 fleurs + 4 fleurs = 10 fleurs

3 enfants sont en train de jouer.
2 enfants viennent les rejoindre.
Il y a 5 enfants en tout.

3 enfants + 2 enfants = 5 enfants

J'applique

1 Raconte une histoire pour chacune de ces phrases mathématiques.

a

b

c

d

2 Raconte autant d'histoires que tu peux pour chacune de ces phrases mathématiques.

$$4 + 2 = 6$$

$$3 + 3 = 6$$

3 Raconte autant d'histoires **d'additions** que tu peux. Traduis chacune d'elles par une phrase mathématique.

Leçon 2 • Additionner en utilisant les liens entre les nombres

J'apprends

8 → ☐ / ☐

a

2 + 6 = ☐

6 + 2 = ☐

b

4 + 4 = ☐

c

5 + 3 = ☐

3 + 5 = ☐

d

8 + 0 = ☐

0 + 8 = ☐

e

7 + 1 = ☐

1 + 7 = ☐

J'applique

1 Combien y a-t-il d'oiseaux en tout ?

6 + 2 = ___

Il y a ___ oiseaux en tout.

2 Combien les enfants ont-ils de robots en tout ?

4 + 3 = ___

Ils ont ___ robots en tout.

3 Complète les phrases mathématiques.

a

3 + 3 =

b

7 + 3 =

Leçon 3 • Autres méthodes pour additionner

J'apprends

4 + 1 =

4 + 2 =

4 + 3 =

J'applique

1 Additionne 6 et 1.

6 + 1 = ☐

2 Additionne 7 et 2.

7 + 2 = ☐

3 Additionne 4 et 3.

4 + 3 = ☐

4 Complète les additions suivantes :

a

4 + 0 = ☐

5 + 0 = ☐

8 + 0 = ☐

b

5 + 1 = ☐

7 + 1 = ☐

9 + 1 = ☐

c

3 + 2 = ☐

6 + 2 = ☐

8 + 2 = ☐

d

5 + 3 = ☐

6 + 3 = ☐

7 + 3 = ☐

5 Complète les additions suivantes :

a

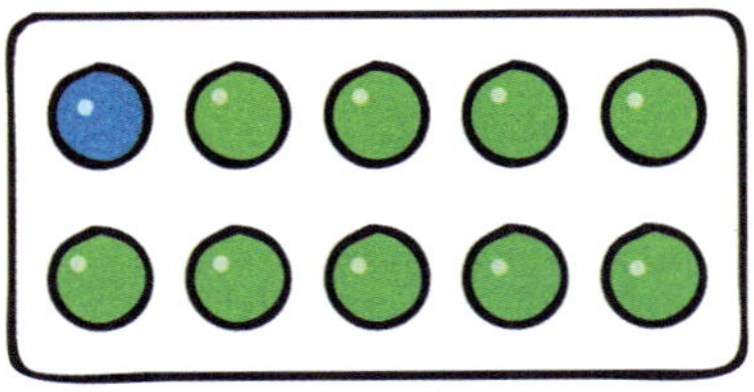

1 + ___ = 10

b

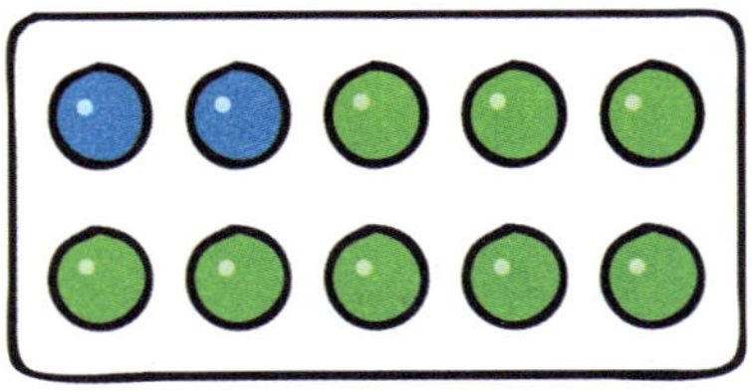

2 + ___ = 10

c

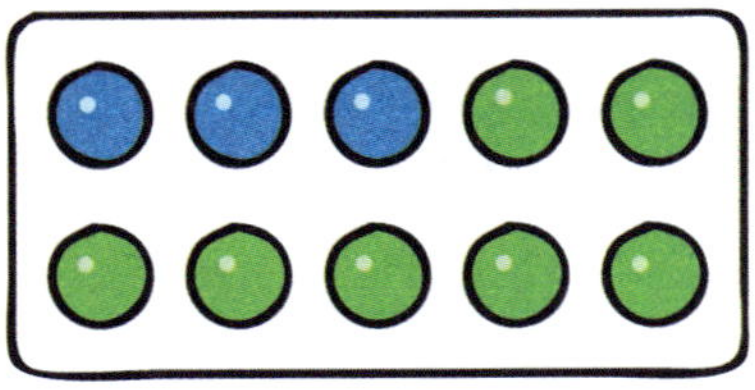

3 + ___ = 10

d

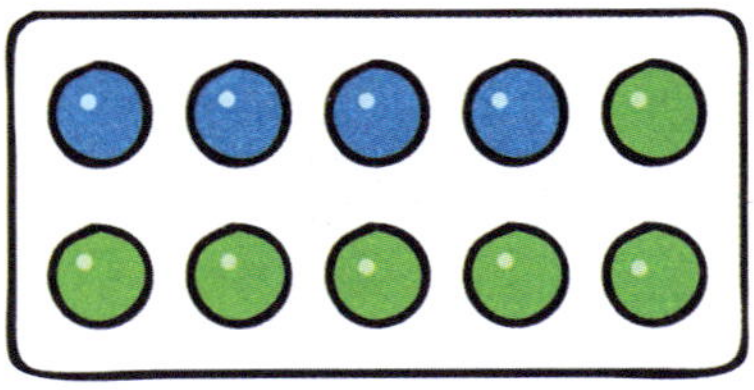

4 + ___ = 10

e

5 + ___ = 10

f

6 + ___ = 10

g

7 + ___ = 10

h

8 + ___ = 10

i

9 + ___ = 10

j

10 + ___ = 10

6 Relie chaque chat aux souris qu'il va attraper.

Chapitre 4

La soustraction

Leçon 1 • Petites histoires de soustractions

J'apprends

J'apprends

En mathématiques, on traduira cette histoire par une **opération** appelée « **soustraction** » :

8 **oiseaux** **–** **3** **oiseaux** **=** **5** **oiseaux**

J'apprends

Il y a 9 carottes en tout.
Les lapins sont en train d'en manger 3.
Il reste donc 6 carottes.

9 carottes – 3 carottes = 6 carottes

Il y a 7 enfants. 2 d'entre eux sont des filles.
Il y a donc 5 garçons.

7 enfants – 2 enfants = 5 enfants

J'applique

1 Raconte une histoire pour chacune de ces phrases mathématiques.

a

b

c

d

2 Raconte autant d'histoires que tu peux pour chacune de ces phrases mathématiques.

3 Raconte autant d'histoires de **soustractions** que tu peux. Traduis chacune d'elles par une phrase mathématique.

Leçon 2 • Soustraire en utilisant les liens entre les nombres

J'apprends

a

$6 - 2 =$

$6 - 4 =$

b

$6 - 1 =$

$6 - 5 =$

c

$6 - 6 =$

$6 - 0 =$

d

$6 - 3 =$

J'applique

1 Résous ce problème :

Combien de ballons reste-t-il ?

6 – 2 = ☐

Il reste ☐ ballons.

2 Résous ce problème :

Léa

Mathilde

Parmi ces poupées, 5 sont à Léa.
Les autres sont à Mathilde.
Combien Mathilde en a-t-elle ?

8 – 5 = ☐

Mathilde a ☐ poupées.

3 Complète les soustractions suivantes :

a

8 – 2 =

b

7 – 4 =

4 Complète les phrases mathématiques suivantes :

a

$3 + 2 =$ ☐ $5 - 2 =$ ☐

$2 + 3 =$ ☐ $5 - 3 =$ ☐

b

$7 + 2 =$ ☐ $9 - 2 =$ ☐

$2 + 7 =$ ☐ $9 - 7 =$ ☐

Leçon 3 • Autres méthodes pour soustraire

J'applique

1 Soustrais 1 de 5.

$5 - 1 = \square$

2 Soustrais 2 de 7.

$7 - 2 = \square$

3 Soustrais 3 de 10.

$10 - 3 =$ ☐

4 Complète les soustractions suivantes :

a

$3 - 0 =$ ☐

$5 - 0 =$ ☐

$8 - 0 =$ ☐

b

$4 - 1 =$ ☐

$7 - 1 =$ ☐

$9 - 1 =$ ☐

c

$5 - 2 =$ ☐

$6 - 2 =$ ☐

$10 - 2 =$ ☐

d

$5 - 3 =$ ☐

$8 - 3 =$ ☐

$9 - 3 =$ ☐

5 Complète les soustractions suivantes :

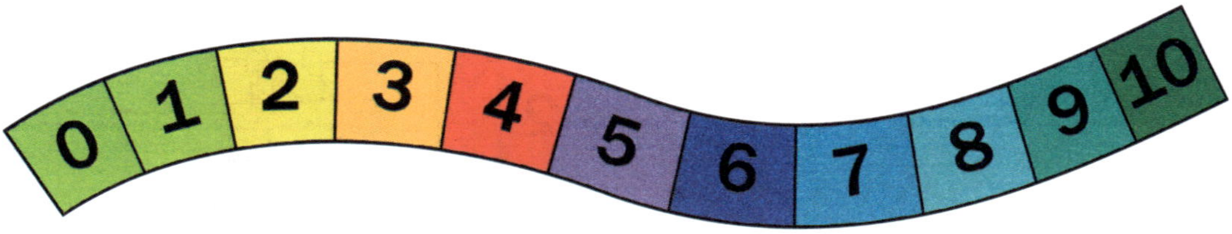

a

$5 - 5 =$

$5 - 4 =$

$5 - 3 =$

b

$9 - 9 =$

$9 - 8 =$

$9 - 7 =$

c

$3 - 2 =$

$6 - 5 =$

$9 - 8 =$

d

$6 - 4 =$

$7 - 5 =$

$8 - 6 =$

6 Soustrais 6 de 10.

6 et **4** font **10**.

$10 - 6 =$

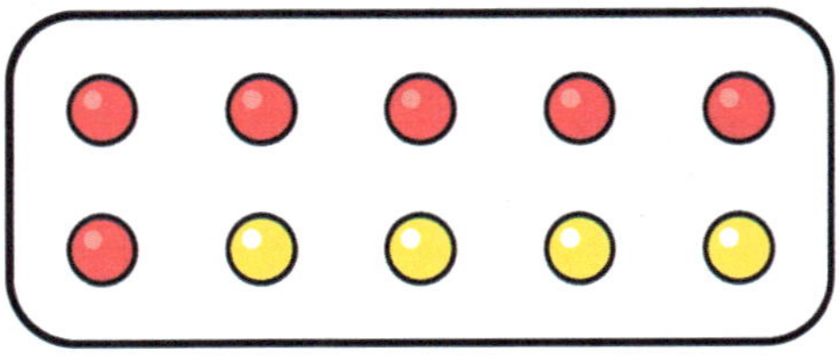

7 Complète les soustractions suivantes :

a $10 - 3 =$

b $10 - 5 =$

c $10 - 8 =$

d $10 - 9 =$

8 À quel train chaque wagon appartient-il ?

a

b

c

Chapitre 5 Les nombres ordinaux

Leçon 1 • Nommer les positions

J'apprends

Qui arrive le premier ?

J'applique

1 Réponds aux questions posées.

a Qui est en 5e position ?

b Qui est en 9e position ?

c Quelle est la position de l'enfant E ?

2 Réponds aux questions posées.

 : Le léopard est le 3e à partir de la **gauche.**

 : L'éléphant est le 2e à partir de la **droite.**

a Qui est le 4e à partir de la gauche ?

b Qui est le 6e à partir de la droite ?

Chapitre 6 Les nombres jusqu'à 20

Leçon 1 • Compter et comparer

J'apprends

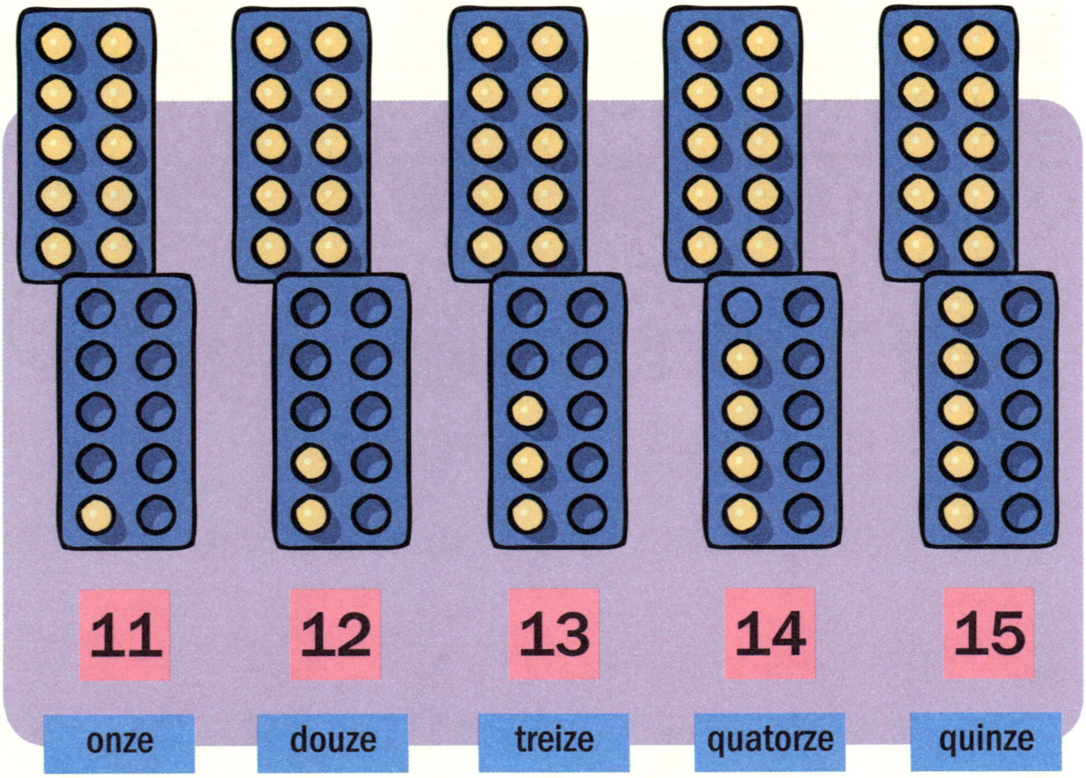

J'apprends

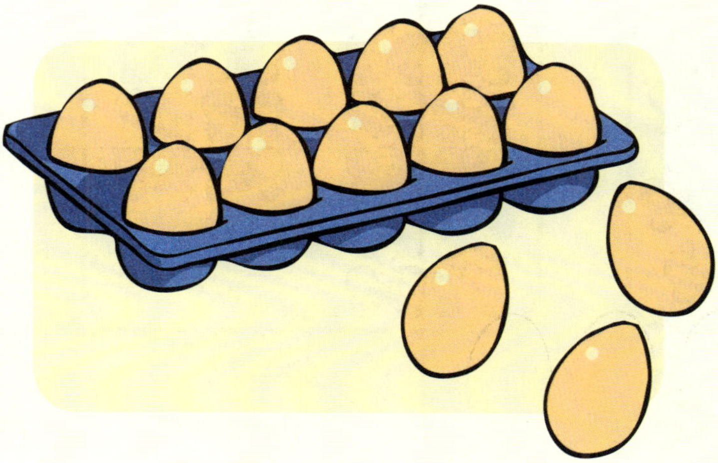

13, c'est **10** et **3**.

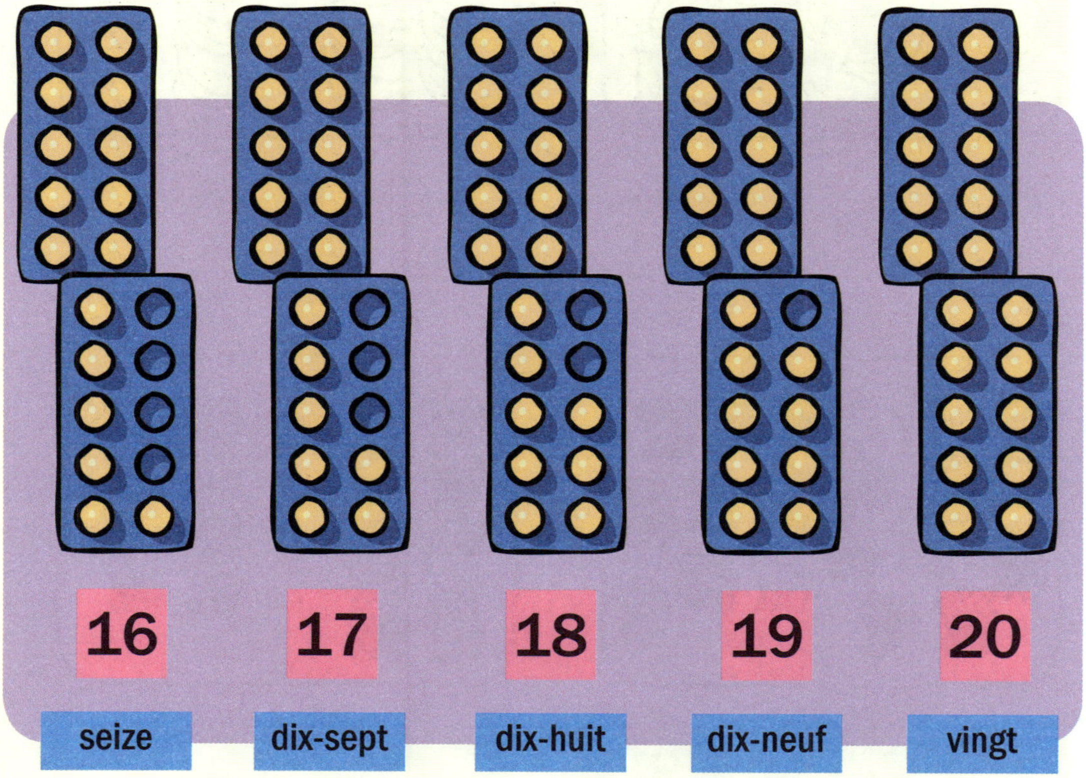

J'applique

1 Fais un groupe de 10 puis compte.

a

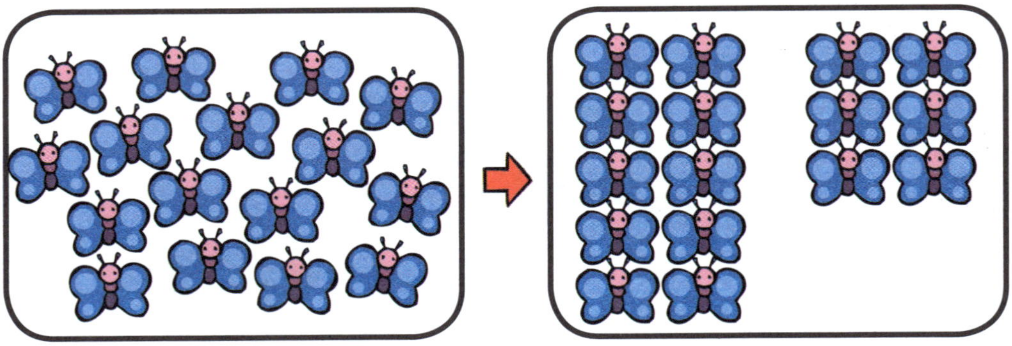

…, c'est **10** et **6**.

b

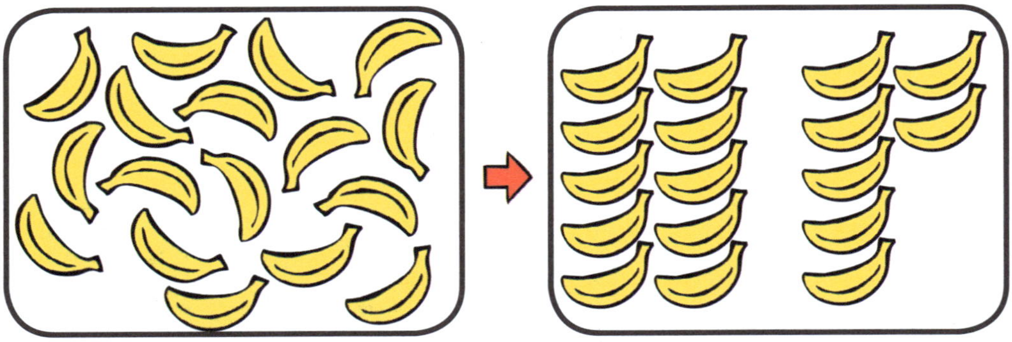

…, c'est **10** et **7**.

c

…, c'est **10** et **8**.

2 Combien y a-t-il de perles en tout ?

a
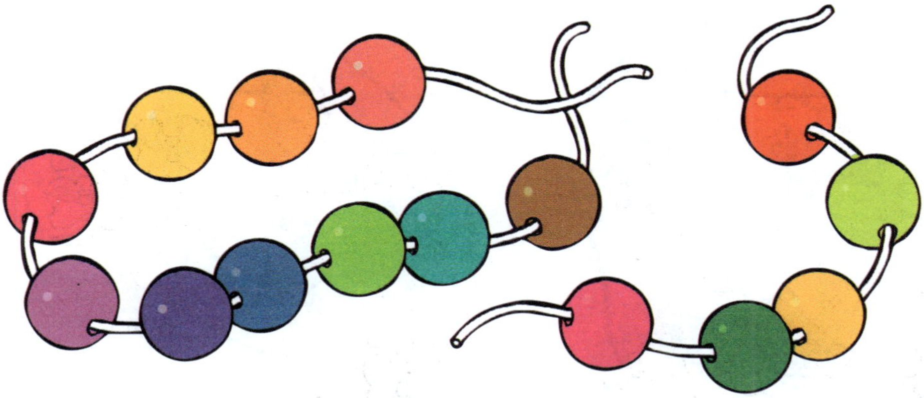

b **10** et **5** font ___ .

c **10 + 5 =** ___

3 Combien y a-t-il de timbres en tout ?

a

b **10** et **4** font ___ .

c **10 + 4 =** ___

4 Complète les additions suivantes :

a

$10 + 5 =$ ☐

b

$10 +$ ☐ $=$ ☐

5 Compte de 1 à 20, puis compte à rebours.

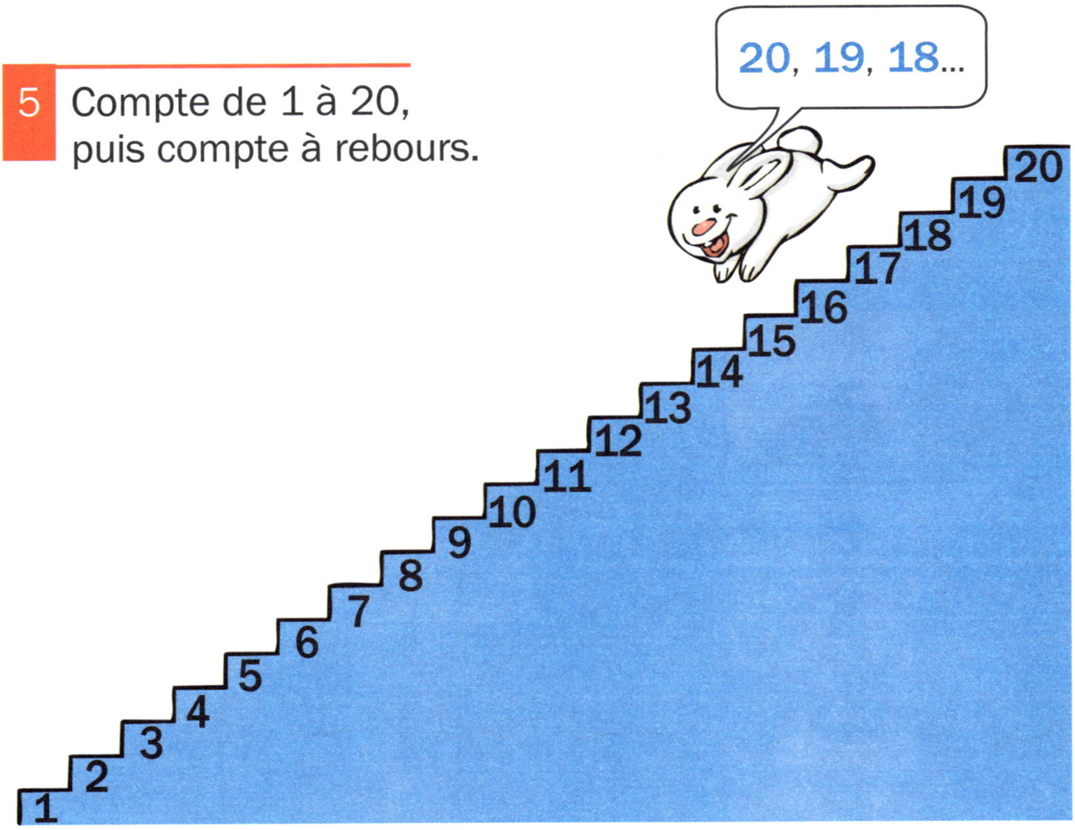

6 Quels sont les nombres manquants ?

a

b

c

d

e

7 Quel groupe est **plus** nombreux **que** l'autre ?

A

B

8 Quel groupe est **moins** nombreux **que** l'autre ?

A

B

9

a Quel est le groupe **le plus** nombreux ?

b Quel est le groupe **le moins** nombreux ?

A

B

C

D

10 Compare ces nombres.

a Quel nombre est plus grand que l'autre : 15 ou 17 ?

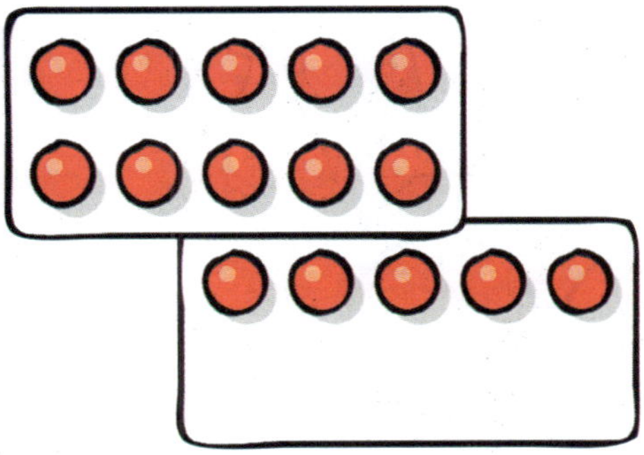

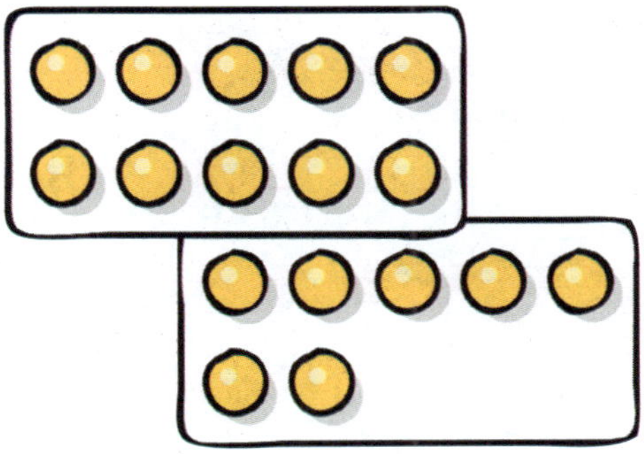

b Quel nombre est plus petit que l'autre : 19 ou 12 ?

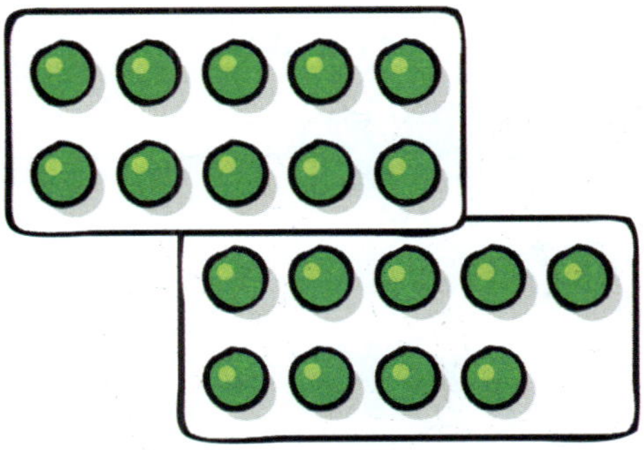

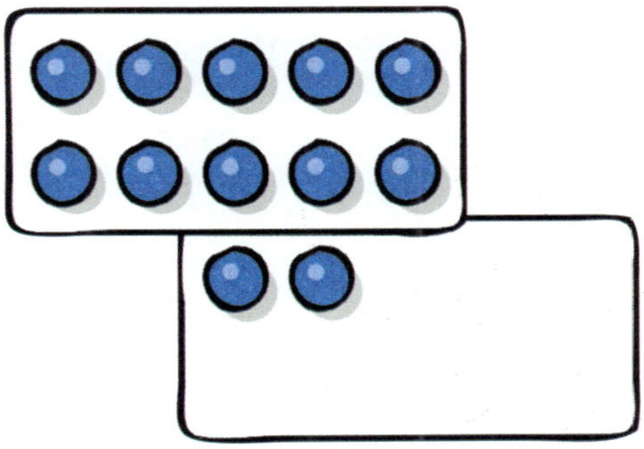

11 Compare ces nombres.

12 16 20 8

a Quel est le nombre le plus grand ?

b Quel est le nombre le plus petit ?

c Mets ces nombres dans l'ordre, en commençant par le plus petit.

Leçon 2 • Additionner et soustraire

J'apprends

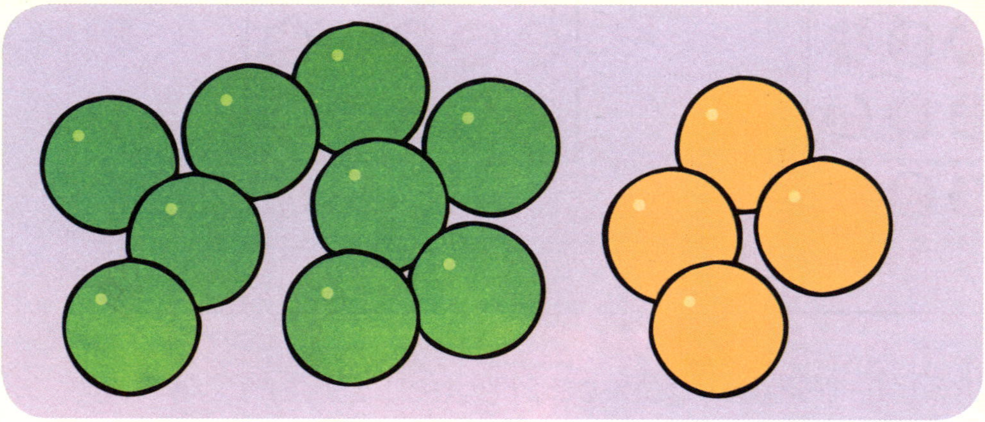

Combien y a-t-il de balles en tout ?

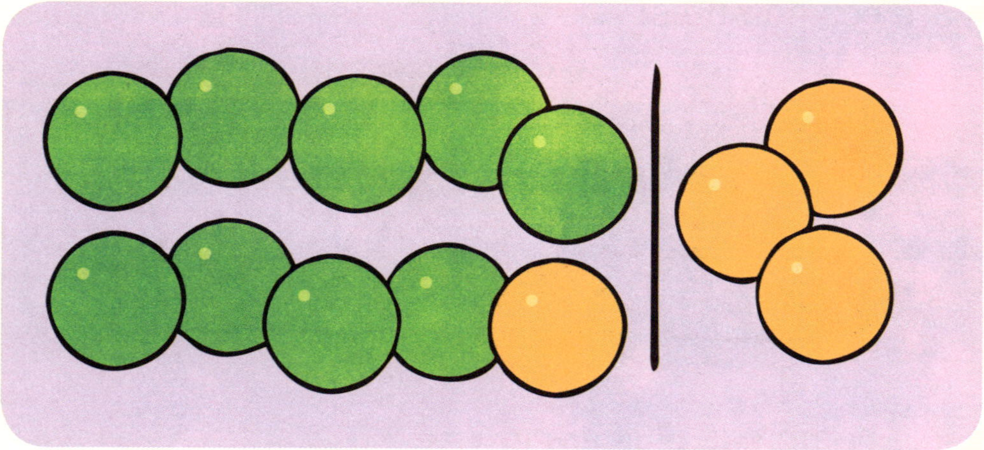

$9 + 4 =$ ☐

Il y a ☐ balles en tout.

J'apprends

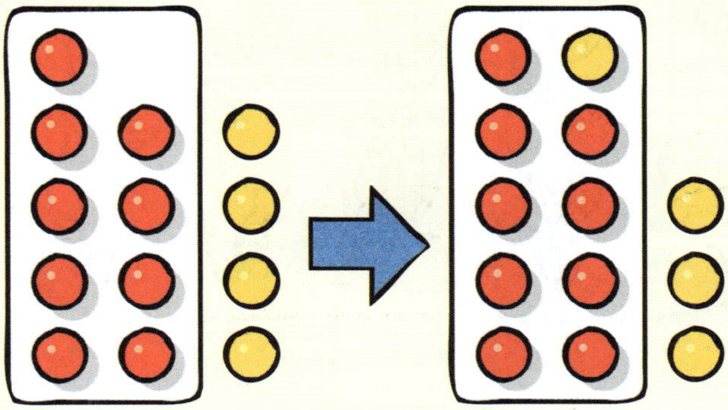

9 et **1** font **10**.

10 + 3 = 13

J'applique

1 Additionne en faisant d'abord un groupe de dix.

a

5 + 9 = ____

b

7 + 8 =

2 Complète les additions suivantes :

a 9 + 1 = 9 + 8 =

b 8 + 2 = 8 + 6 =

c 1 + 9 = 3 + 9 =

d 2 + 8 = 5 + 8 =

e 3 + 7 = 6 + 7 =

3 Additionne 13 et 4.

13 + 4 =

4 Complète les additions suivantes :

a

5 + 4 = 9

15 + 4 =

5 + 14 =

b

2 + 8 = 10

12 + 8 =

2 + 18 =

5 Soustrais 4 de 16.

16 – 4 =

6 Complète les soustractions suivantes :

a

8 – 3 = 5

18 – 3 = ▢

b

7 – 5 = 2

17 – 5 = ▢

7 Soustrais 4 de 12.

12 carottes – 4 carottes = ▢

8 Complète les soustractions suivantes :

a

10 – 6 = 4

11 – 6 = ▢

12 – 6 = ▢

15 – 6 = ▢

b

10 – 7 = 3

11 – 7 = ▢

12 – 7 = ▢

15 – 7 = ▢

9 Additionne 8 et 3.

10 Complète les additions suivantes :

a 9 + 2 =

b 9 + 3 =

c 15 + 1 =

d 17 + 2 =

11 Soustrais 2 de 11.

12 Complète les soustractions suivantes :

a 11 – 3 =

b 12 – 3 =

c 14 – 1 =

d 18 – 2 =

Chapitre 7 Les formes

Leçon 1 • Les formes simples

J'apprends

J'applique

1 Compare les objets avec la figure donnée.

a

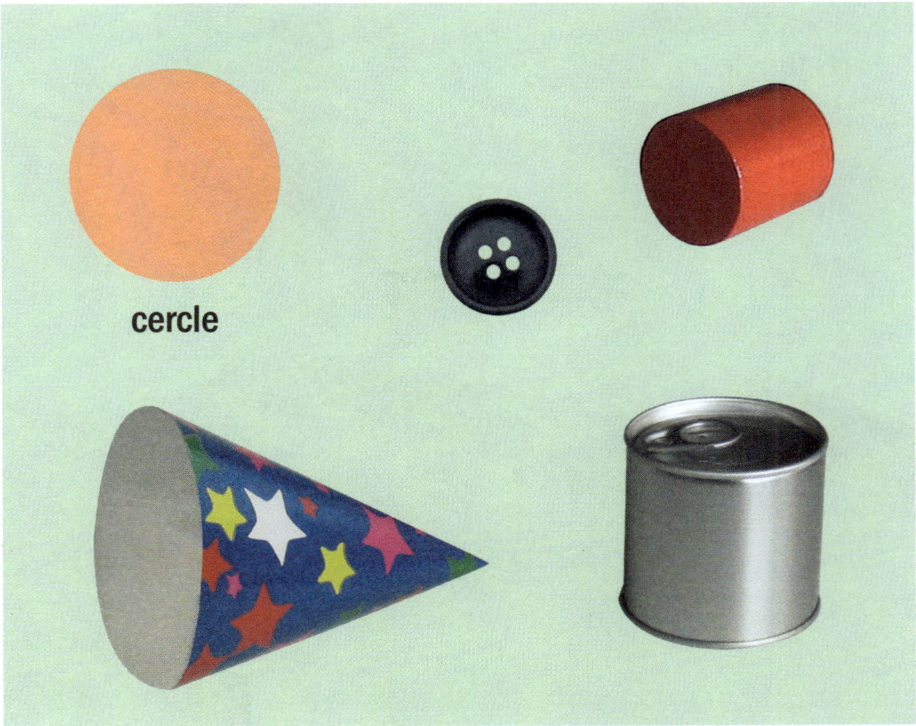

b

c

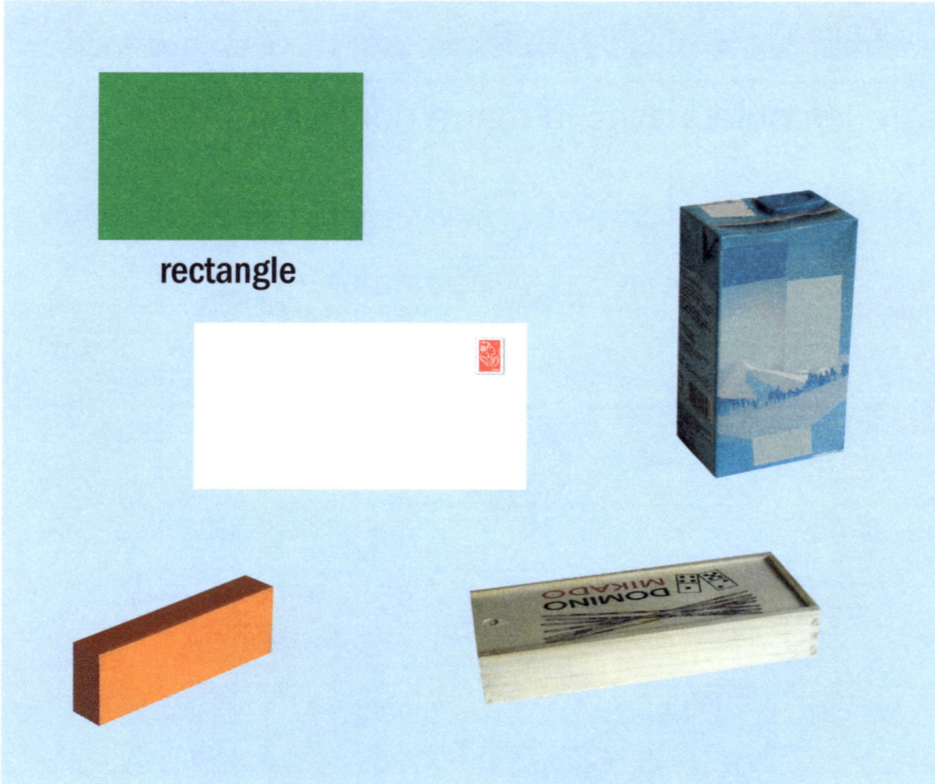

d

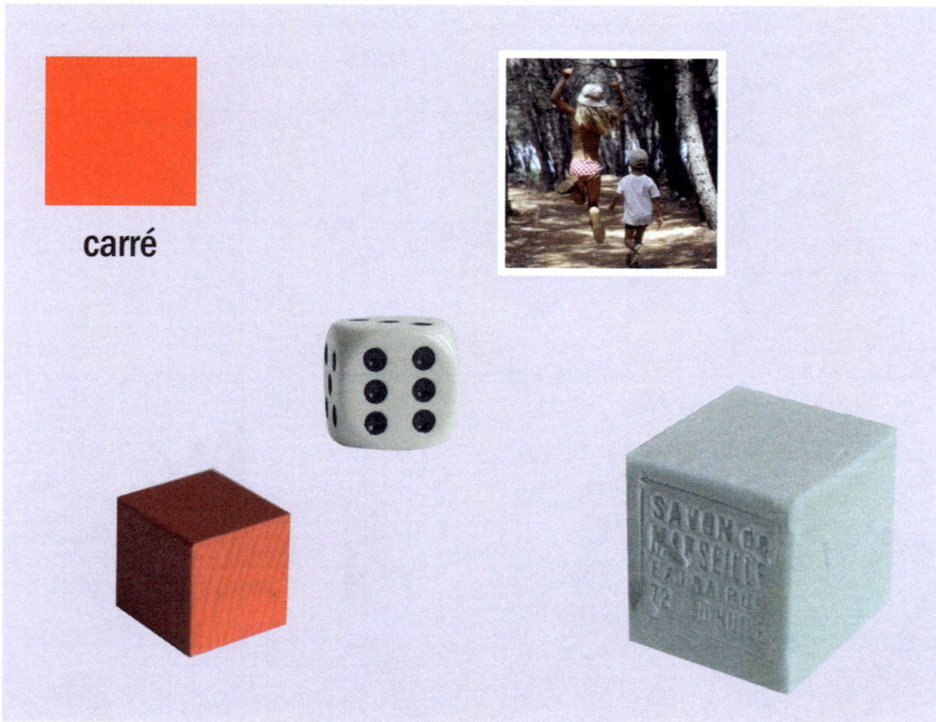

2 Observe ces figures. Elles peuvent être regroupées de différentes façons.

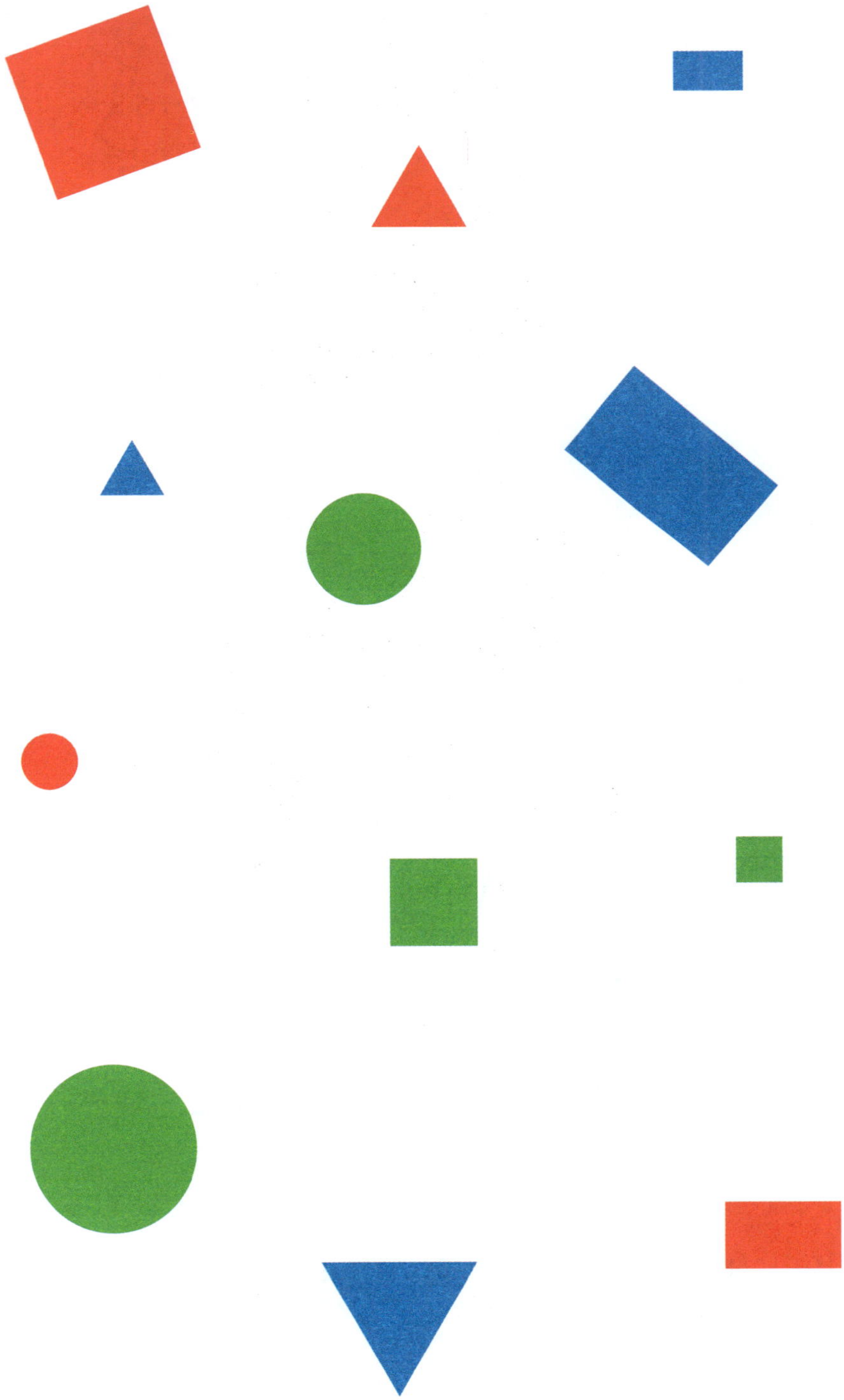

a

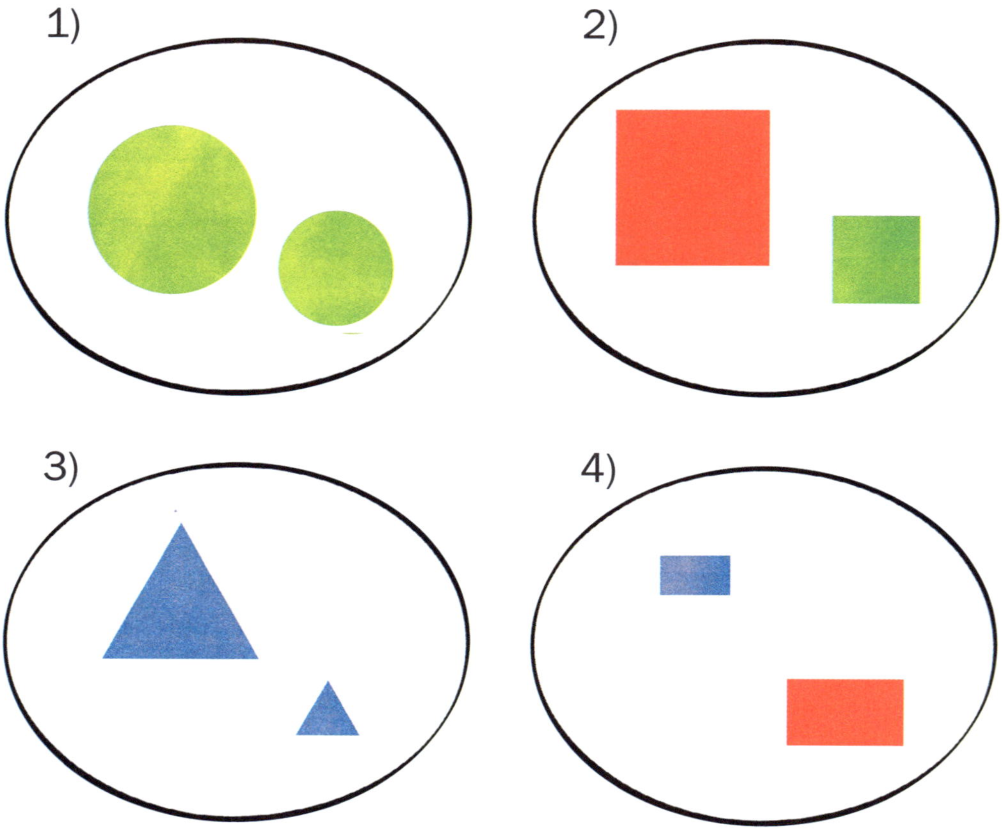

À quel groupe chacune de ces figures appartient-elle ?

b

1) 2) 3)

À quel groupe chacune de ces figures appartient-elle ?

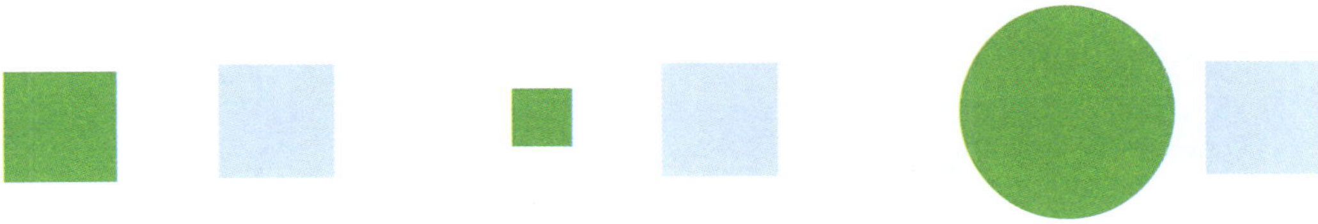

c

1) 2) 3)

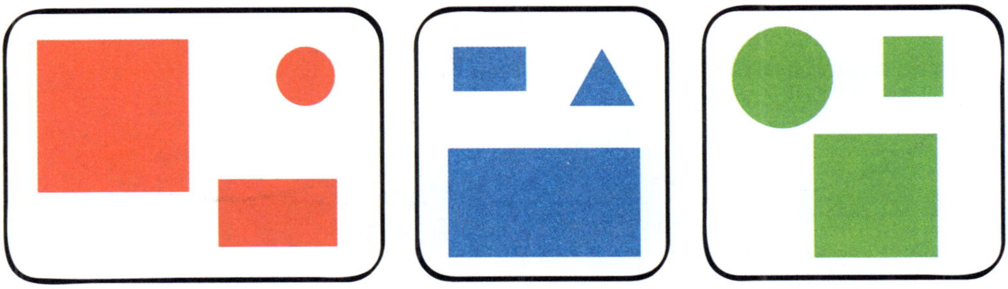

À quel groupe chacune de ces figures appartient-elle ?

3 La figure de gauche a-t-elle la même forme que celle de droite ? Est-elle de la même taille ?

a

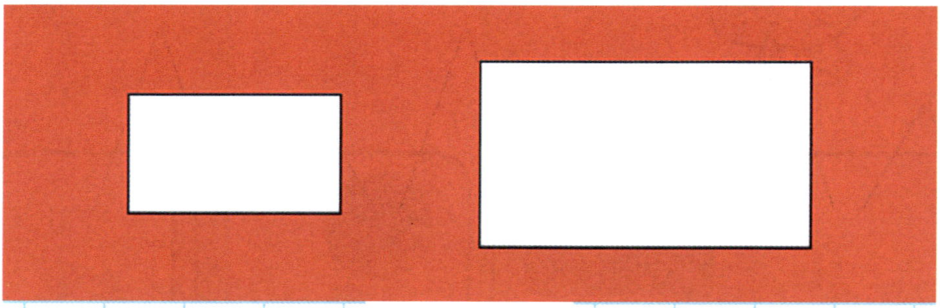

b

c

d

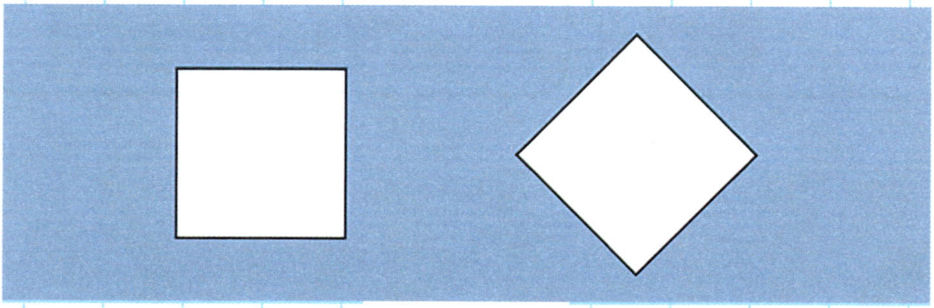

4 Trouve la figure qui complète chacune des suites logiques.

a 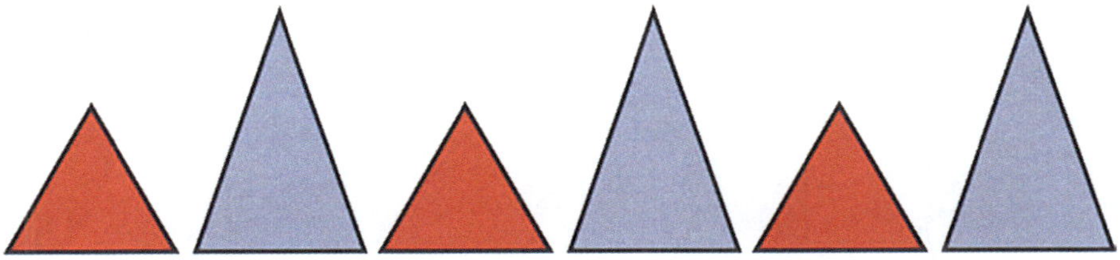

b 

c 

d 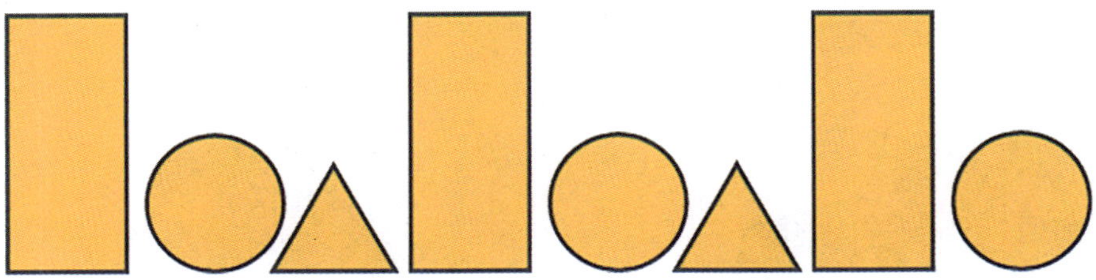

5 Relie ces morceaux par paires de manière à former 3 cercles.

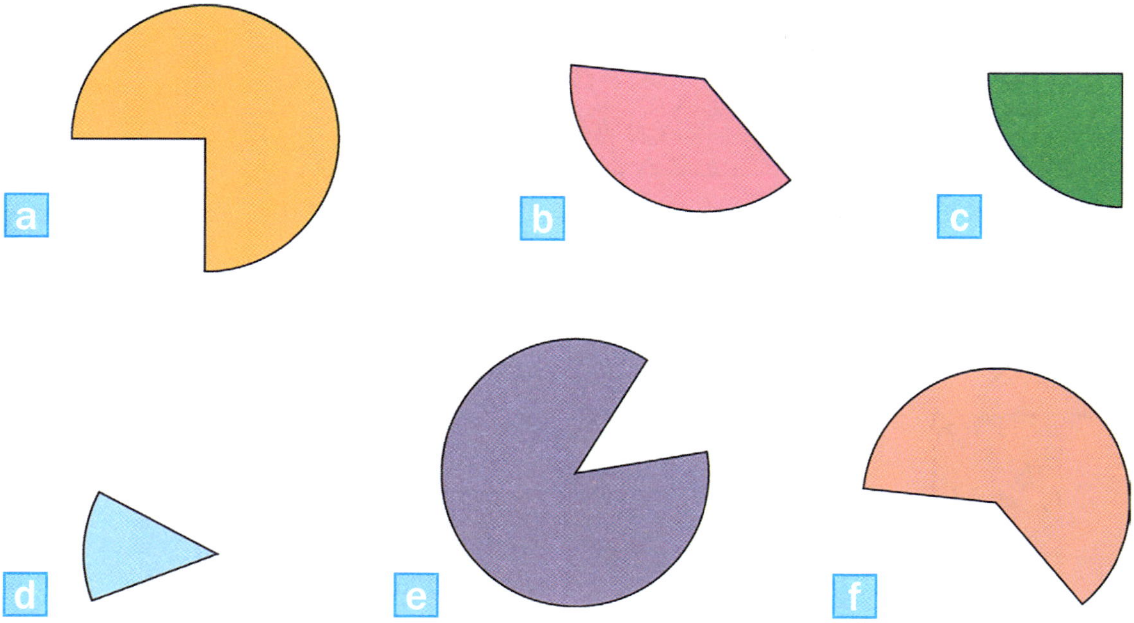

6 Relie ces morceaux de manière à former un carré et un triangle.

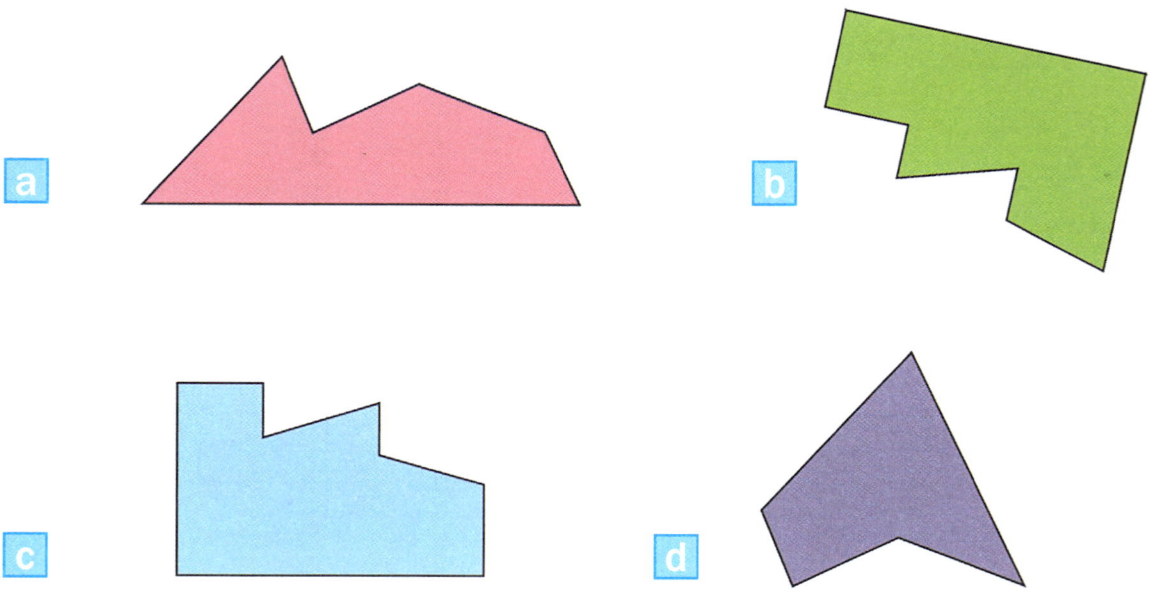

7 On peut assembler ces 4 morceaux de manière à former diverses figures.

Par exemple :

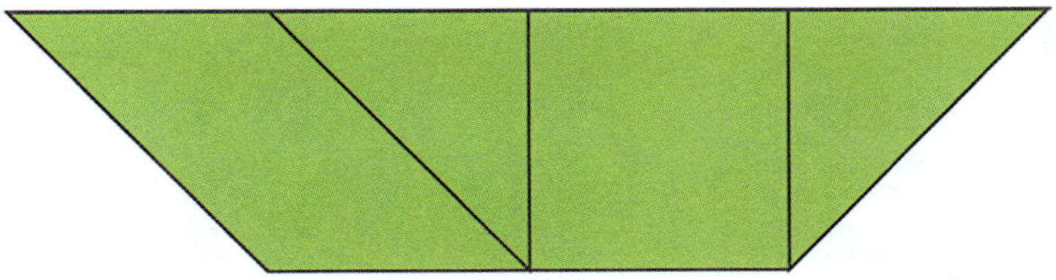

Trace le contour de ces 4 morceaux sur une feuille de papier et découpe-les.

Utilise ces morceaux pour former chacune des figures suivantes :

a

b

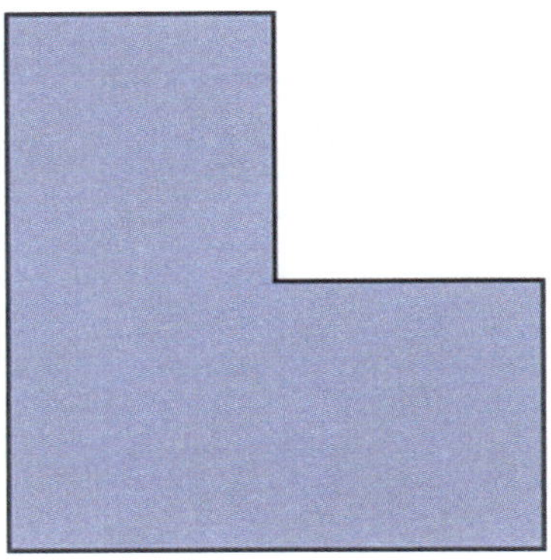

Chapitre 8 La longueur

Leçon 1 • Comparer des longueurs

J'apprends

a Quel est l'animal **le plus long** ?

b Quel est l'animal **le plus court** ?

J'apprends

a Quel est l'animal **le plus grand** ?

b Quel est l'animal **le plus petit** ?

J'applique

1 Réponds aux questions suivantes.

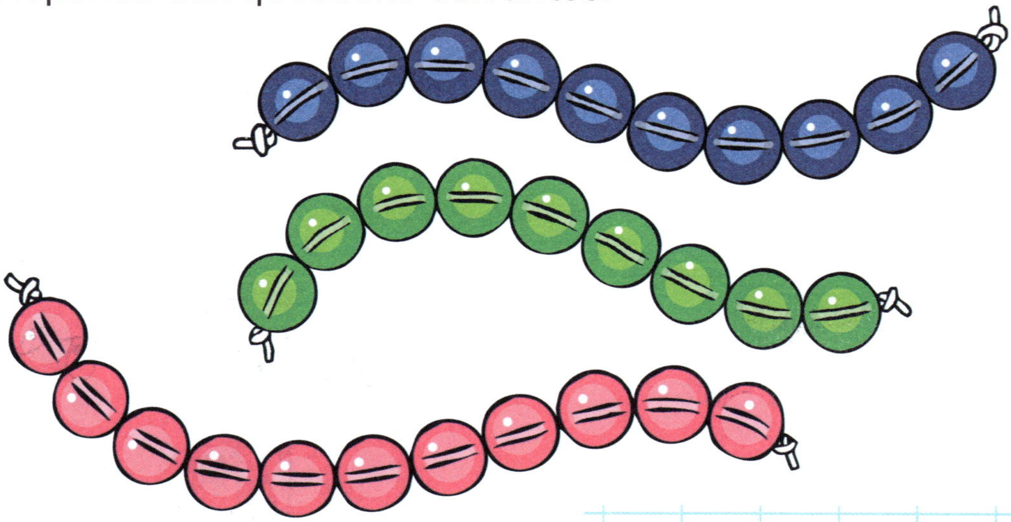

a Quel est le collier le plus long ?

b Quel est le collier le plus court ?

2 Réponds aux questions suivantes.

a Quelle est la tour la plus haute ?

b Quelle est la tour la plus basse ?

3 Réponds aux questions suivantes.

a Quel ver a pris le chemin le plus long ?

b Quel ver a pris le chemin le plus court ?

4 Réponds aux questions suivantes.

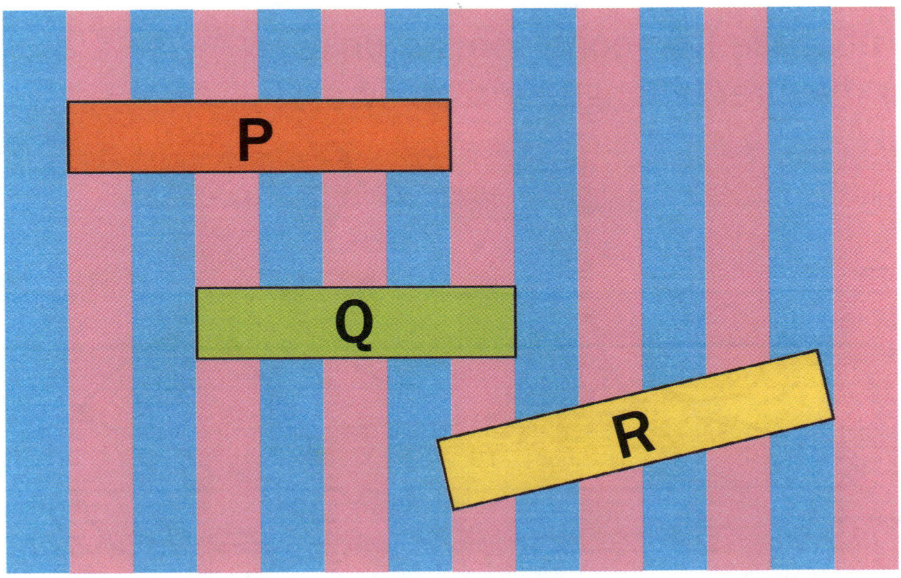

a Quel est le ruban le plus long ?

b Quel est le ruban le plus court ?

Leçon 2 • Mesurer des longueurs

J'apprends

Théo utilise des bâtonnets de glace pour mesurer la longueur d'une table.

La longueur de la table est de 12 unités.

J'applique

1 Léa utilise le trombone comme unité pour mesurer la longueur d'un livre.

La longueur du livre est de ____ unités.

2 Fais une chaîne de 20 trombones comme celle-ci :

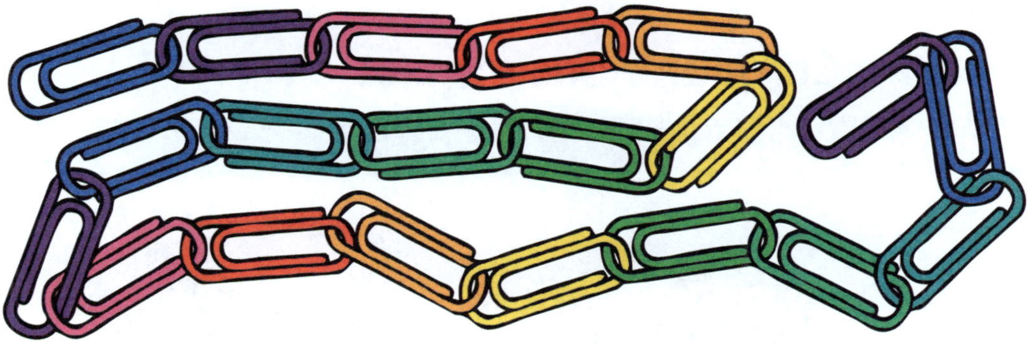

a La longueur de la chaîne est de ____ unités.

b Utilise la chaîne pour mesurer ta main et ton pied.

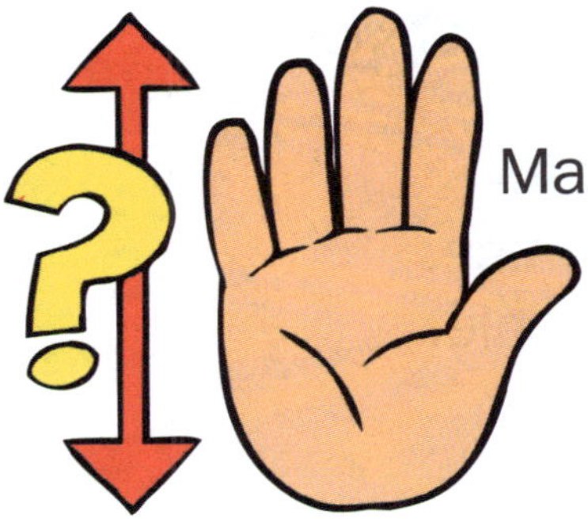

Ma main est longue d'environ ____ unités.

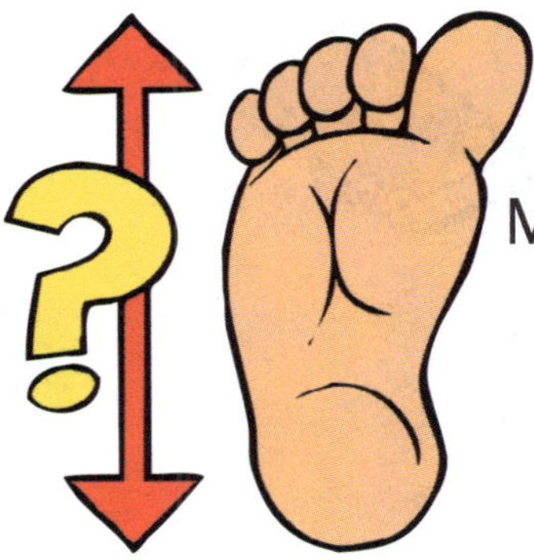

Mon pied est long d'environ ____ unités.

c Qu'est-ce qui est le plus long, ta main ou ton pied ?

Chapitre 9 La masse

Leçon 1 • Comparer des masses

J'apprends

La table est **plus lourde** que la chaise.
La chaise est **plus légère** que la table.

a Quel est l'objet le plus léger ?

b Quel est l'objet le plus lourd ?

J'apprends

L'ananas est **aussi lourd que** la boule de pétanque.

L'orange est **plus légère que** la boule de pétanque.
La boule de pétanque est **plus lourde que** l'orange.

J'applique

1 Quel est l'objet le plus lourd ?

a

b

2 Combien de billes le bloc vert pèse-t-il ?

a

b

c

3 La boule de pâte à modeler est aussi lourde que le cahier.

À l'aide d'une balance, fais une boule de pâte à modeler aussi lourde que ta règle.

Leçon 2 • Mesurer des masses : peser

J'apprends

a Théo utilise des pinces à linge pour savoir combien pèse une paire de ciseaux.

La paire de ciseaux pèse ☐ unités.

b Puis Théo utilise des billes pour savoir combien pèse la même paire de ciseaux.

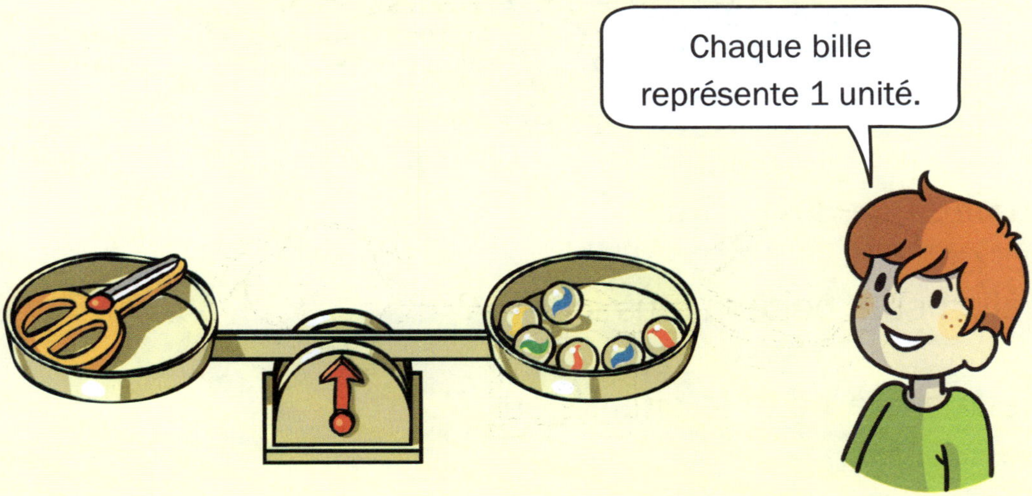

La paire de ciseaux pèse ☐ unités.

J'applique

1 Complète.

a La boîte **A** pèse ____ unités.

b La boîte **B** pèse ____ unités.

c La boîte **C** pèse ____ unités.

d Quelle est la boîte la plus lourde ? ____

e Quelle est la boîte la plus légère ? ____

2 À l'aide d'une balance, trouve combien pèse ta trousse en nombre de billes.

Leçon 3 • Le kilogramme

J'apprends

Le **kilogramme** est une unité de mesure communément utilisée dans le monde pour peser un objet.
En langage courant, on utilise plutôt le mot **kilo**.
En mathématiques, le kilogramme s'écrit **kg**.

Tiens un poids de 1 kg dans ta main.
Soupèse-le, sens ce qu'il pèse.

J'applique

1 Compète par « moins de » ou « plus de ».

a Le cahier pèse ____ un kilogramme.

b Le cartable pèse ____ un kilogramme.

2 Combien ces crevettes pèsent-elles ?

Ces crevettes pèsent ____ kg.

Chapitre 10

La comparaison des nombres

Leçon 1 • Comparer deux nombres

J'apprends

Qui a le plus de timbres,
Théo ou Medhi ?

J'applique

1 Y a-t-il plus de pingouins ou plus de grenouilles ?

2 Y a-t-il plus de carottes ou plus de lapins ?

3 Y a-t-il plus de bananes ou plus d'ananas ?

4

1. 

2. 

a Quel groupe a plus de timbres que l'autre ?

b Quel est le nombre plus grand que 3 de 1 ?

5 Quel est le nombre plus grand que 8 de 1 ?

6 Réponds aux questions suivantes :

a Quel est le nombre plus grand que 5 de 1 ?

b Quel est le nombre plus grand que 6 de 1 ?

7 Réponds aux questions suivantes :

a Quel est le nombre plus petit que 7 de 1 ?

b Quel est le nombre plus petit que 6 de 1 ?

8 Quel est le nombre plus petit que 10 de 1 ?

9 Réponds aux questions suivantes :

a Quel est le nombre plus grand que 7 de 1 ?

b Quel est le nombre plus petit que 9 de 1 ?

Leçon 2 • Comparer par soustraction

J'apprends

Il y a 5 fleurs.

Il y a 2 papillons.

Il y a **plus** de fleurs que de papillons.
Le nombre de fleurs est **plus grand** que le nombre de papillons.

Il y a **3** fleurs de **plus que** de papillons.

Il y a **moins de** papillons que de fleurs.
Le nombre de papillons est **plus petit** que le nombre de fleurs.

Il y a **3** papillons de **moins que** de fleurs.

La **différence** entre le nombre de fleurs et le nombre de papillons **est de 3**.

J'applique

1 Complète.

a

☐ – ☐ = ☐

Medhi a ☐ robots de moins que Pierre.

b

☐ – ☐ = ☐

Il y a ☐ lapins de plus que de carottes.

c

☐ – ☐ = ☐

Il y a ☐ papillons de moins que d'oiseaux.

d

☐ – ☐ = ☐

Il y a ☐ bananes de plus dans la boîte A que dans la boîte B.

e

☐ – ☐ = ☐

Léa a ☐ poupées de plus que de robots.

f

☐ – ☐ = ☐

Louis achète ☐ ananas de moins que de bananes.

Chapitre 11 Les tableaux

Leçon 1 • Faire un tableau

J'apprends

Dessine un rond de couleur par jouet : violet pour les ballons, rouge pour les poupées, vert pour les voitures.

J'apprends

Puis fais un tableau comme celui-ci :

Le tableau montre le nombre de jouets par catégorie.

a Combien y a-t-il de ballons ?

de poupées ? de voitures ?

b Combien de voitures y a-t-il de plus que de poupées ?

c Combien de voitures y a-t-il de moins que de ballons ?

d Combien y a-t-il de jouets en tout ?

J'applique

1 Voici le calendrier des anniversaires fêtés dans notre classe :

a ☐ élèves fêtent leur anniversaire en juillet.

b En juin, nous fêtons ☐ anniversaires de plus qu'en mai.

2 Ali, Jean et Alexis aiment beaucoup la lecture.
Le tableau montre le nombre de livres qu'ils ont lus la semaine dernière.

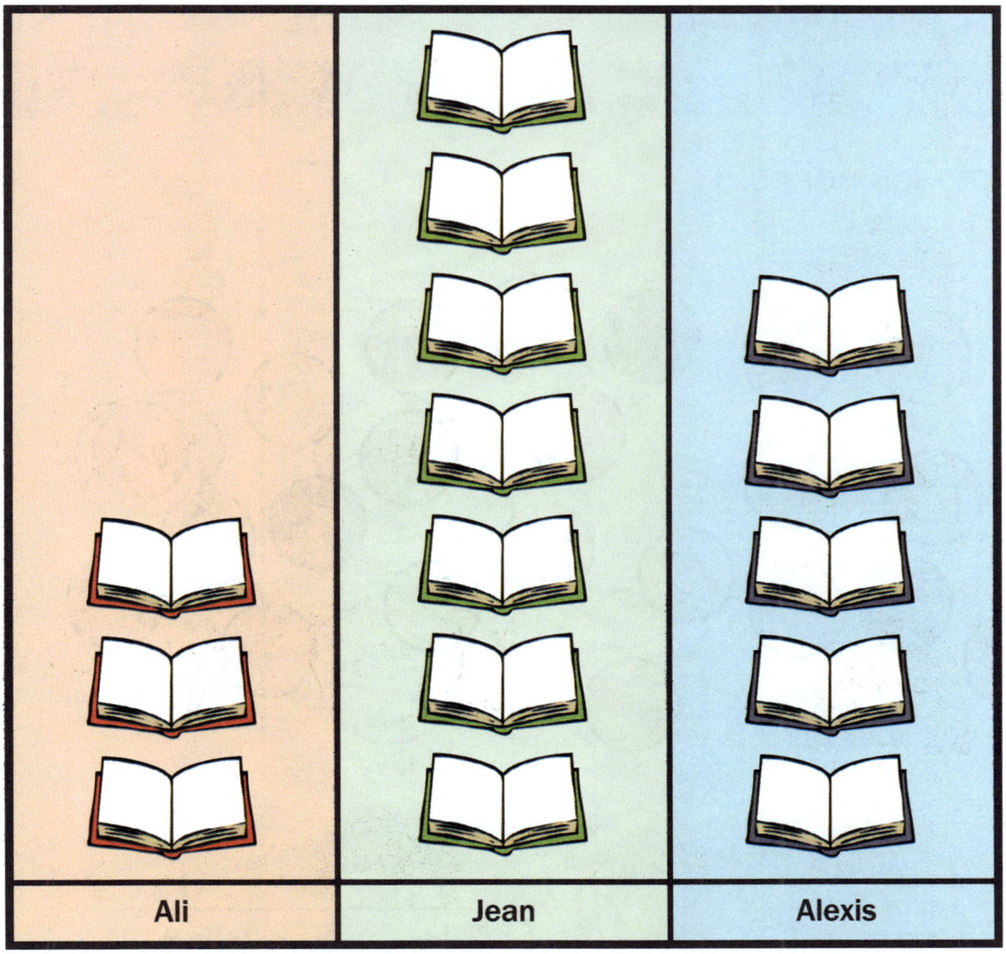

a Ali a lu ____ livres.

b ____ est celui qui a lu le plus de livres.

c Alexis a lu ____ livres de plus qu'Ali.

d Les trois amis ont lu ____ livres en tout.

Chapitre 12 Les nombres jusqu'à 40

Leçon 1 • Compter

J'apprends

Compte les perles.

J'apprends

Fais des groupes de 10 et compte.

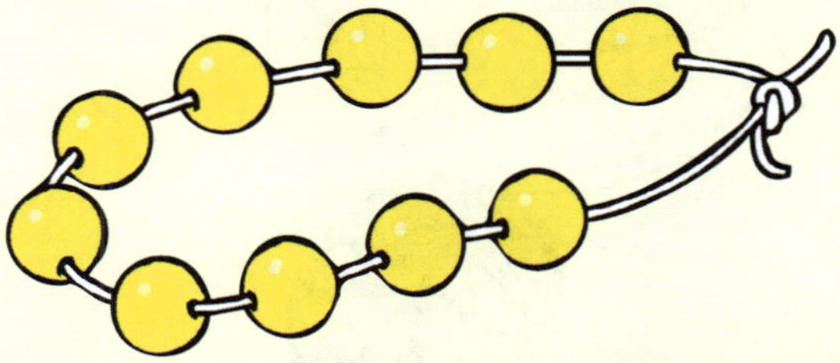

10
dix

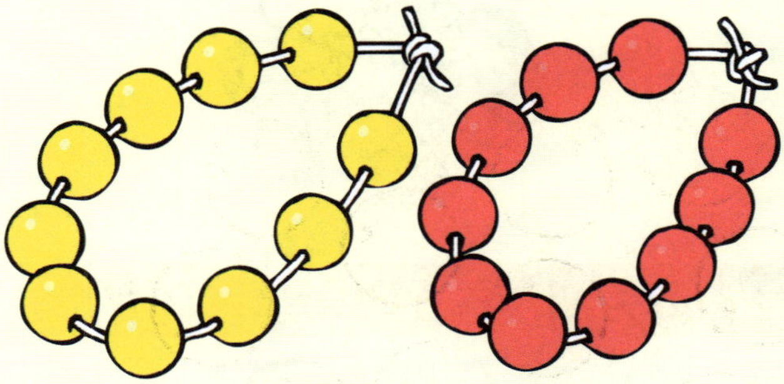

20
vingt

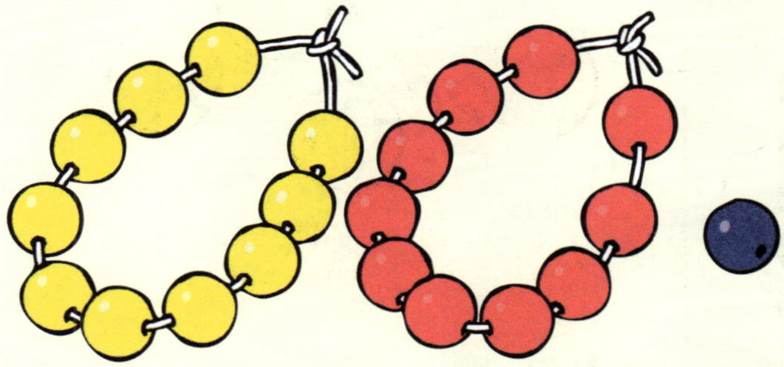

21
vingt et un

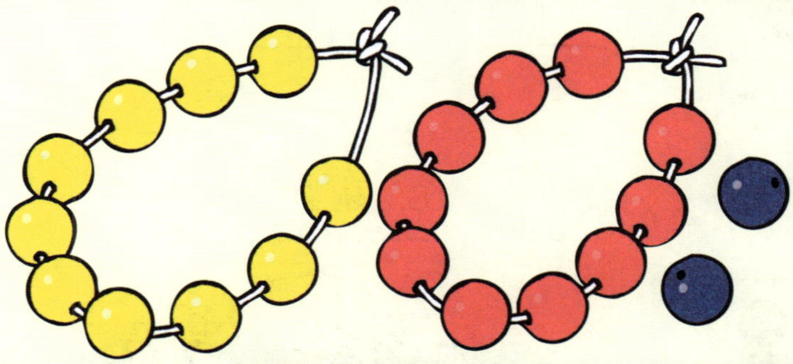

22
vingt-deux

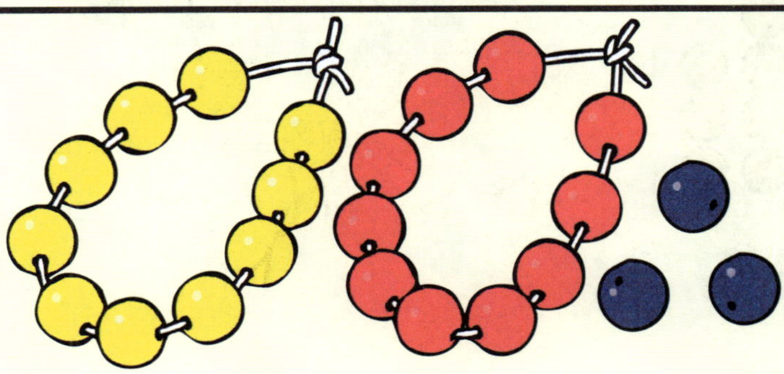

23
vingt-trois

J'apprends

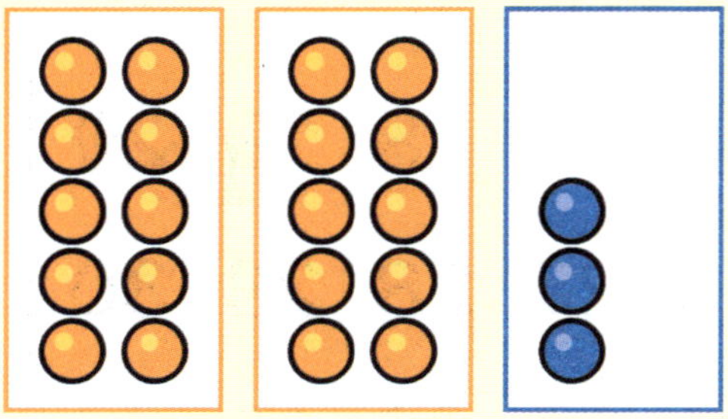

23, c'est **20** et **3**.

20 + 3 = 23

J'applique

1 Complète.

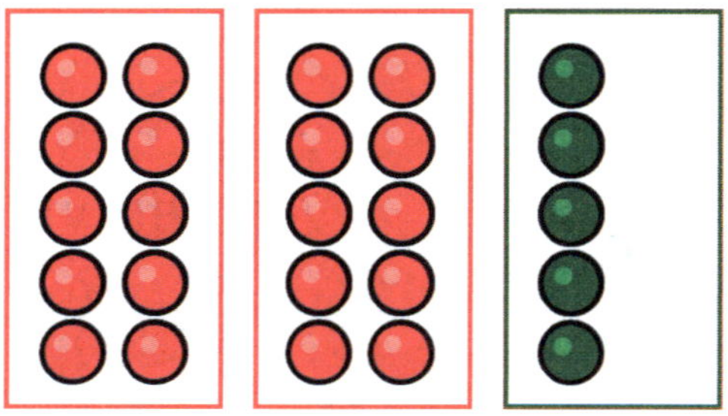

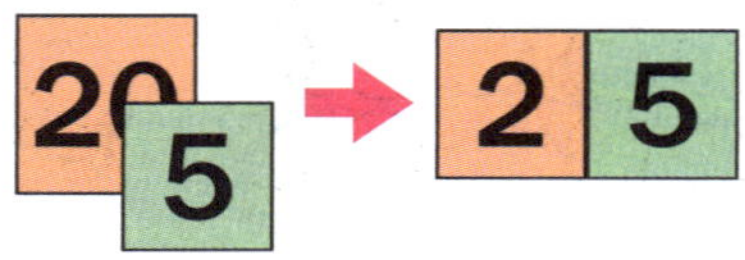

vingt-cinq

25, c'est **20** et **5**.

20 + 5 =

2 Complète.

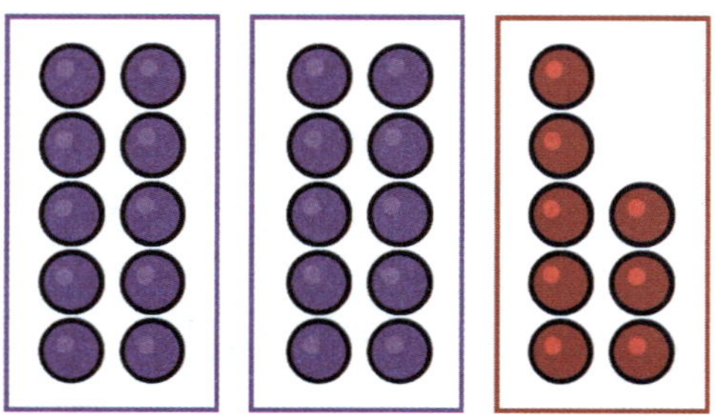

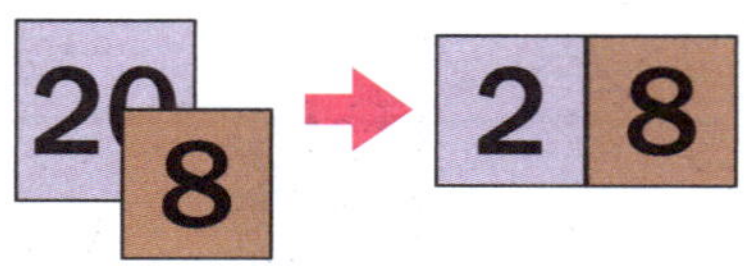

vingt-huit

28, c'est **20** et **8**.

20 + 8 =

1	2	3	4	5	6	7	8	9	10
11	12	13	14	15	16	17	18	19	20
21	22	23	24	25	26	27	28	29	30
31	32	33	34	35	36	37	38	39	40

3 Complète.

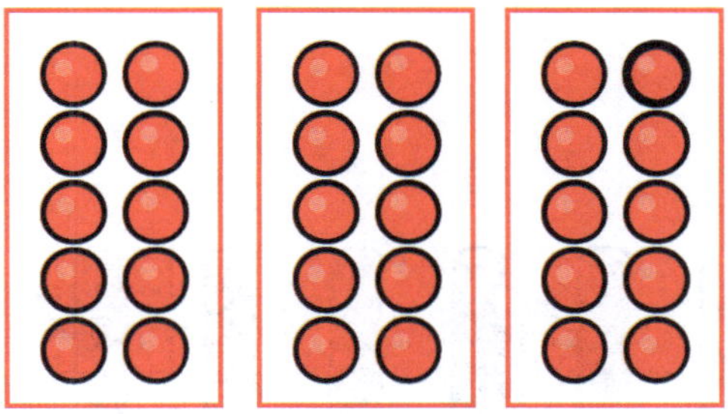

30

trente

29 et **1** font **30**.

29 + 1 = ___

4 Complète.

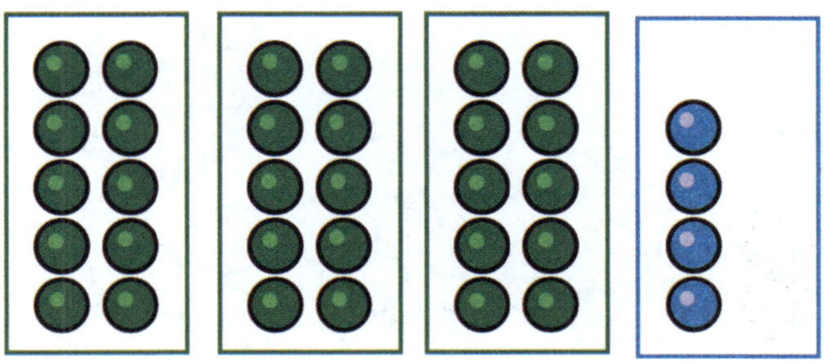

30 → 3 4

trente-quatre

30 et **4** font **34**.

30 + 4 = ___

5 Complète.

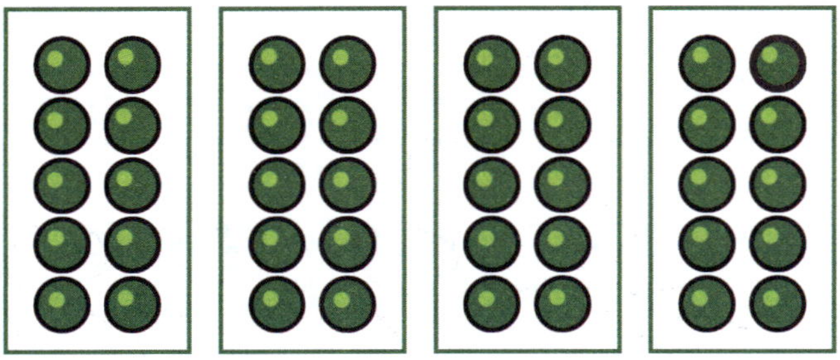

40
quarante

1 de plus que **39**, c'est **40**.

39 + 1 = ____

6 Complète.

a Combien y a-t-il de bûches ? ____

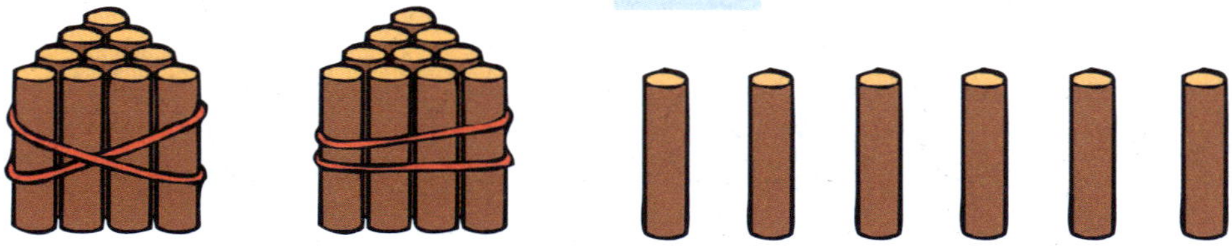

b **20 + 6 =** ____

c **6** de plus que **20**, c'est ____ .

7 Complète.

a Combien y a-t-il d'œufs ? ____

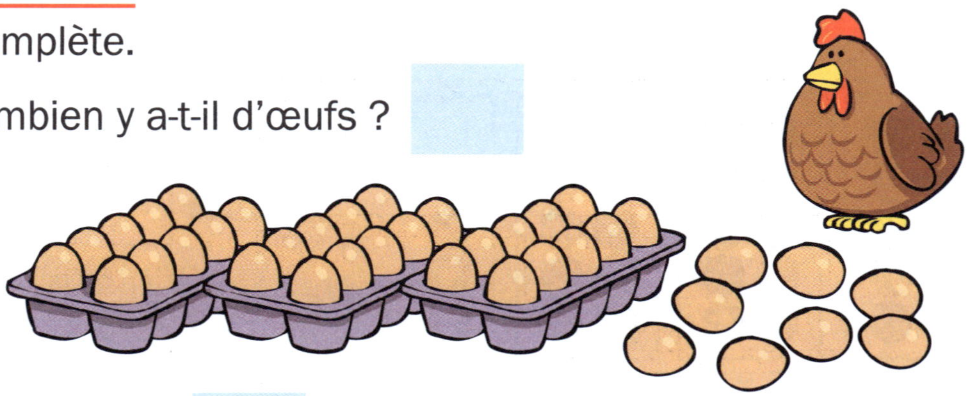

b **30 + 8 =** ____

c **8** de plus que **30**, c'est ____ .

8 Complète.

a

20 + 4 = ____

b

20 + 7 = ____

c

30 + 5 = ____

9 Quels sont les nombres manquants ?

10 Réponds aux questions suivantes :

a Quel est le nombre plus grand que 24 de 1 ?

b Quel est le nombre moins grand que 30 de 1 ?

c Quel est le nombre plus grand que 36 de 2 ?

d Quel est le nombre moins grand que 28 de 2 ?

11 Réponds aux questions suivantes :

a Quel est le nombre le plus grand : 24 ou 27 ?

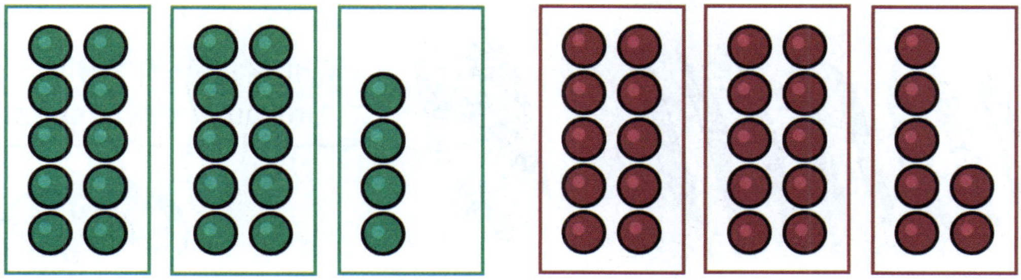

b Quel est le nombre le plus petit : 36 ou 38 ?

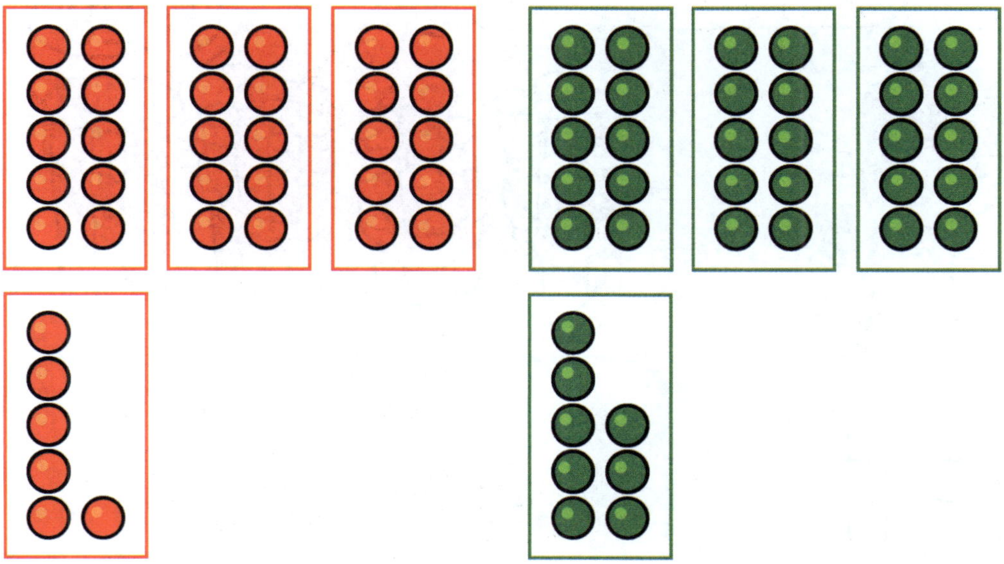

12 Compare ces nombres.

34 **14** **37** **24**

a Quel est le nombre le plus grand ?

b Quel est le nombre le plus petit ?

c Classe ces nombres du plus petit au plus grand.

Leçon 2 • Dizaines et unités

J'apprends

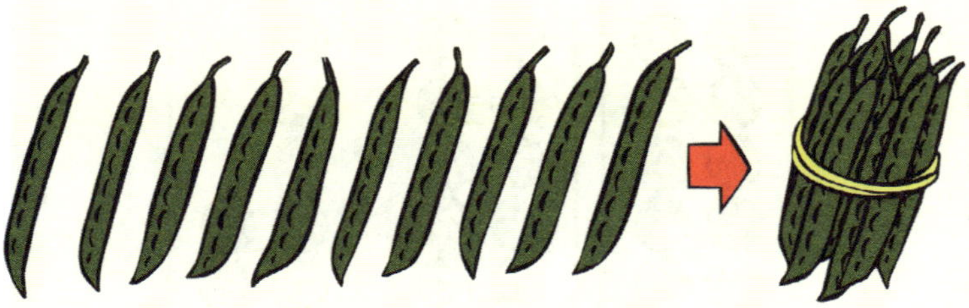

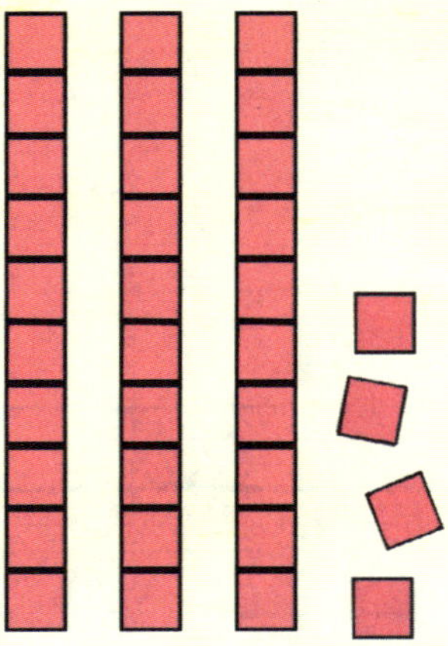

trente-quatre

Dizaines	Unités
3	4

34 = **3** dizaines et **4** unités

J'apprends

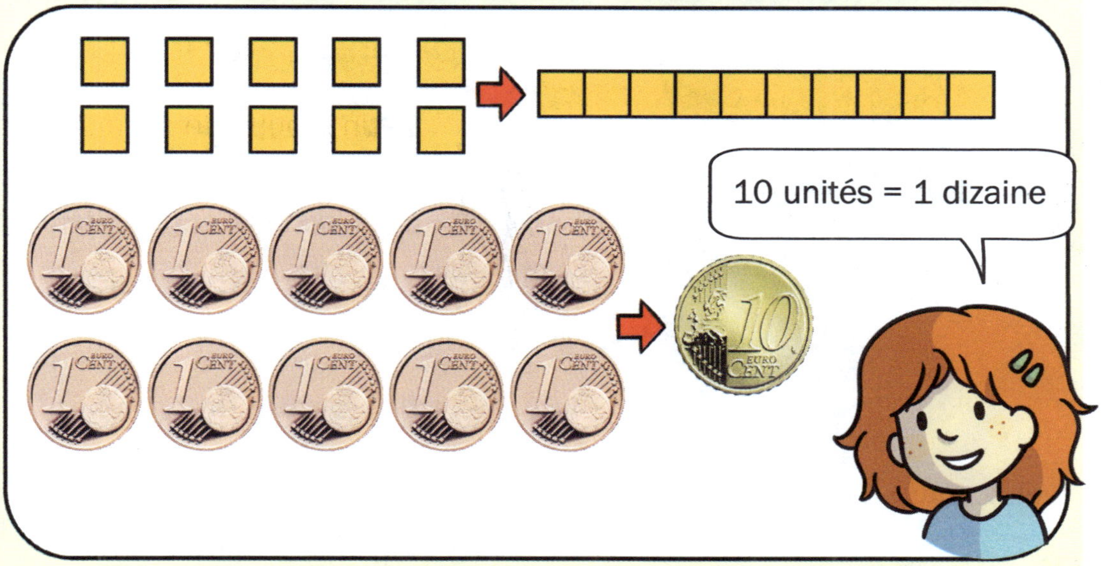

J'applique

1 Complète.

a

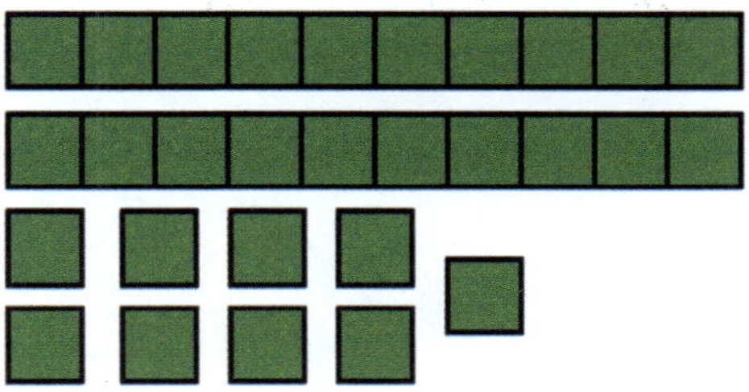

Dizaines	Unités
2	9

29 = ☐ dizaines et ☐ unités

b

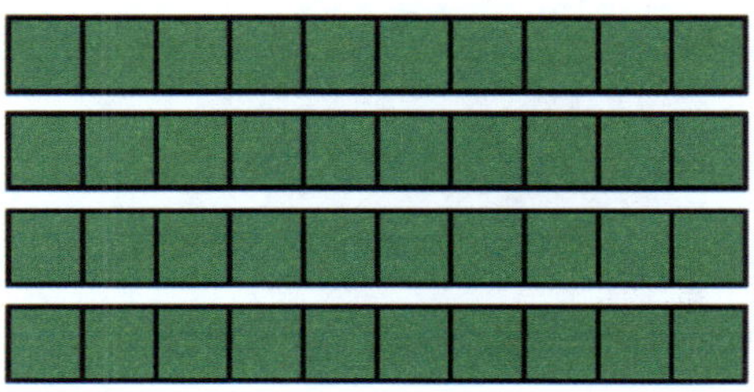

Dizaines	Unités
4	0

40 = ☐ dizaines et ☐ unité

2 Complète.

a

Dizaines	Unités
3	0

= 3 dizaines

b

Dizaines	Unités
2	3

= 2 dizaines et 3 unités

c

Dizaines	Unités
3	8

= 3 dizaines et 8 unités

3 Complète.

a

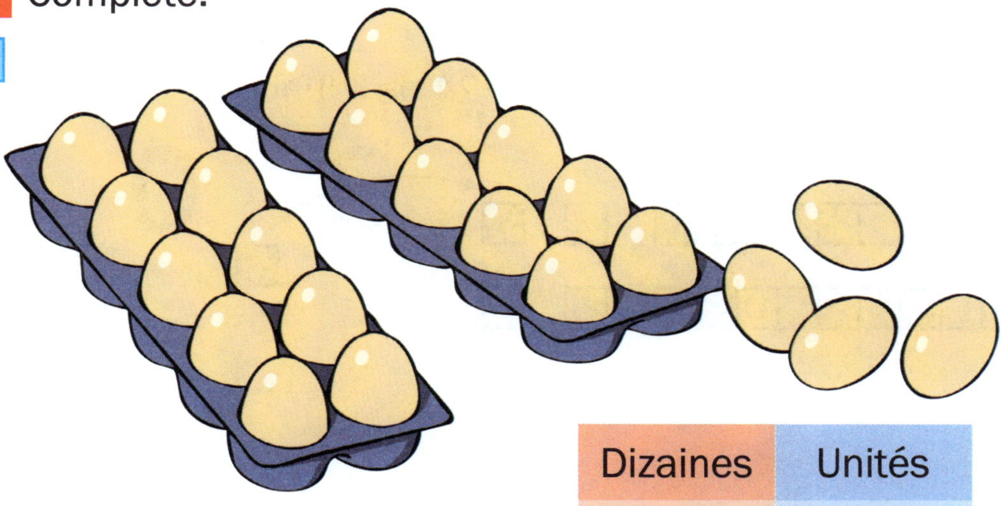

Dizaines	Unités
2	4

Il y a ☐ œufs.

b

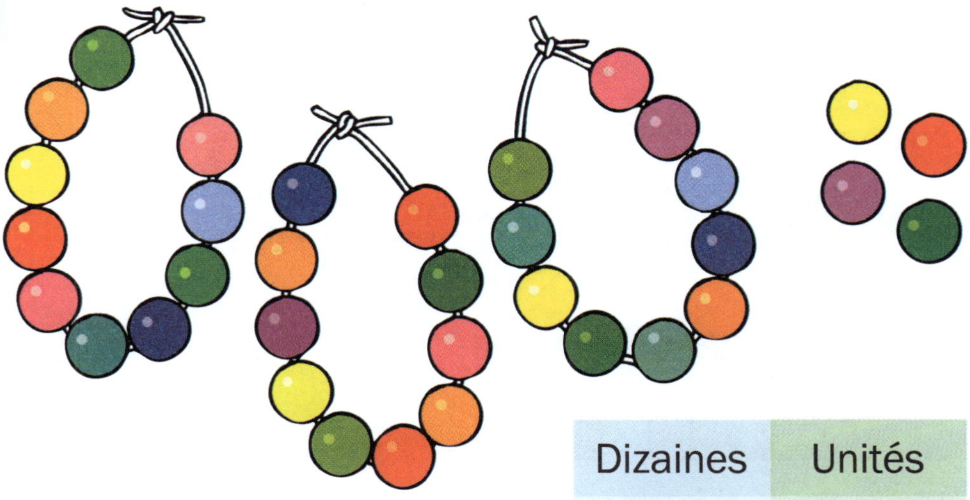

Dizaines	Unités
3	4

Il y a ☐ perles.

c Y a-t-il plus d'œufs ou plus de perles ?

Combien de plus ? ☐

4 Réponds aux questions suivantes :

a Quel nombre est plus grand que 24 de 1 unité ?

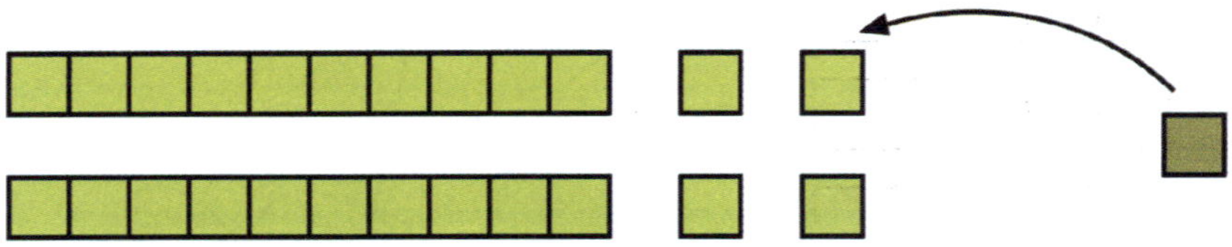

b Quel nombre est plus grand que 24 de 1 dizaine ?

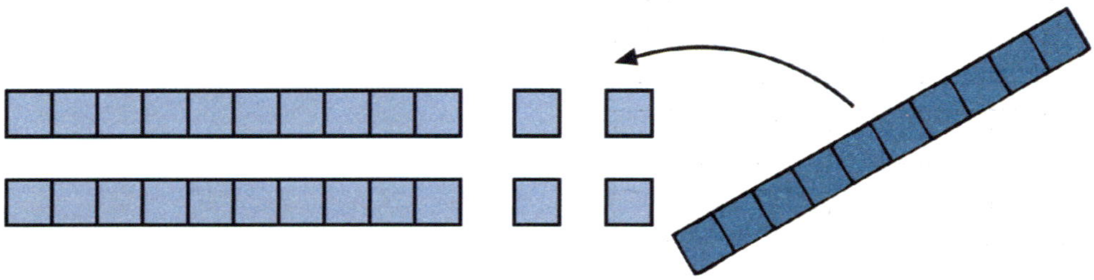

c Quel nombre est plus petit que 24 de 1 unité ?

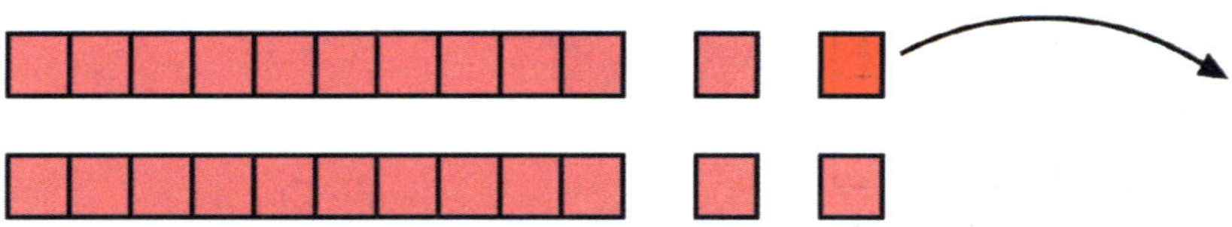

d Quel nombre est plus petit que 24 de 1 dizaine ?

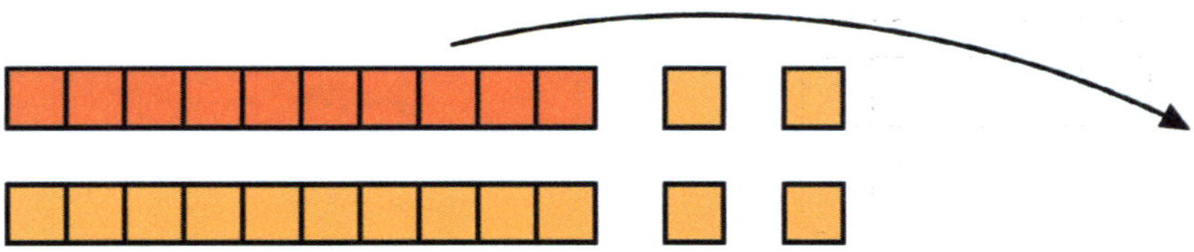

5 Réponds aux questions suivantes :

a Quel nombre est plus grand que 29 de 1 unité ?

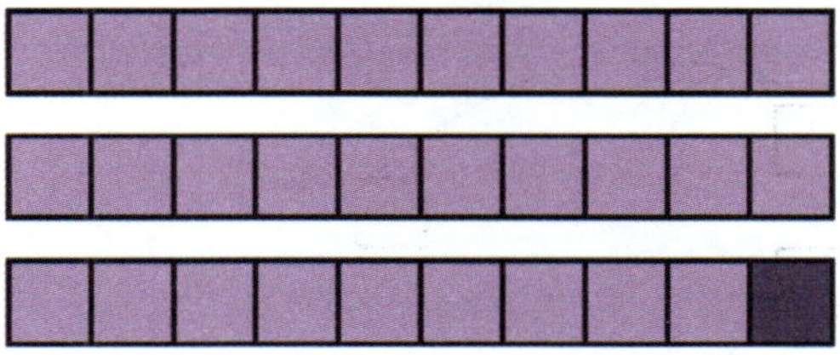

b Quel nombre est plus petit que 40 de 1 unité ?

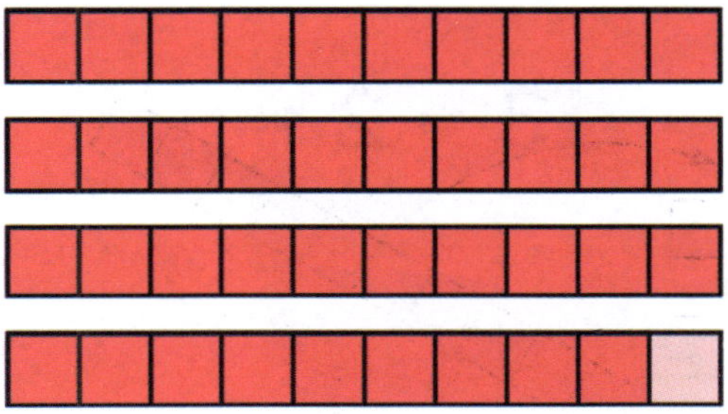

c Quel nombre est plus grand que 30 de 1 dizaine ?

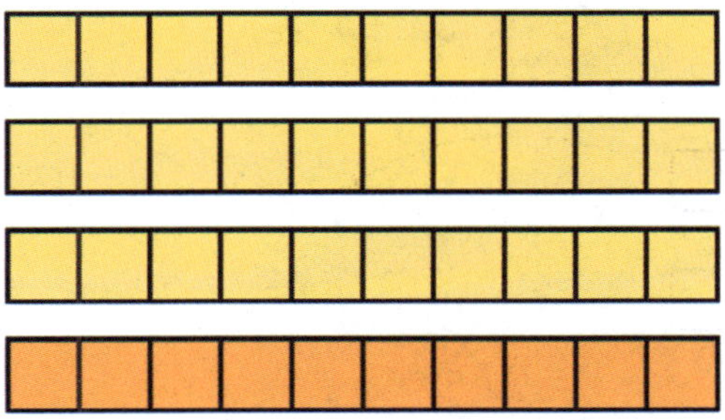

d Quel nombre est plus petit que 30 de 1 dizaine ?

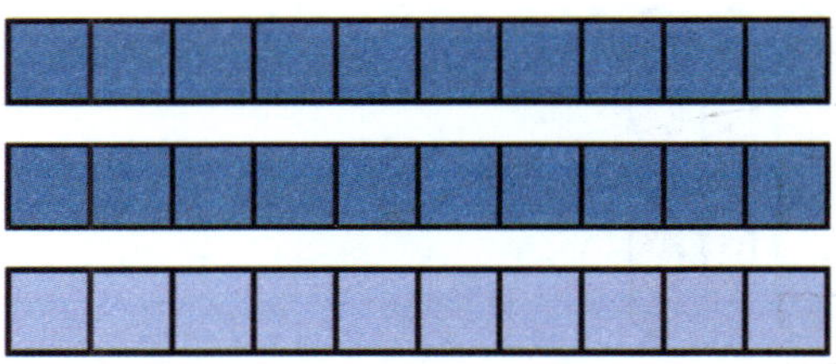

Leçon 3 • Additionner et soustraire

J'apprends

a

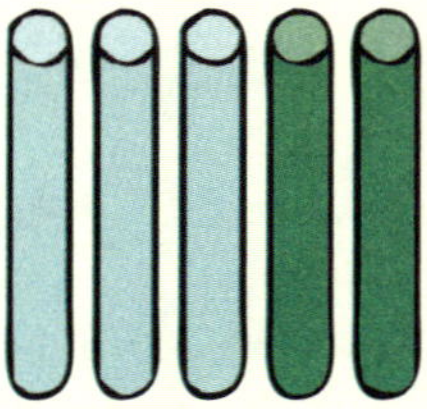

3 + 2 =

b

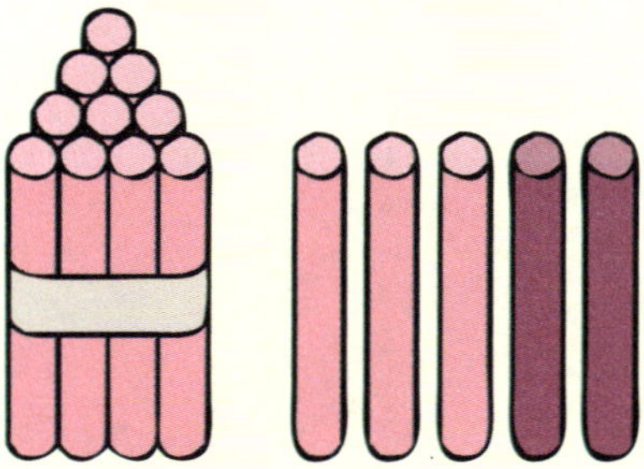

13 + 2 =

c

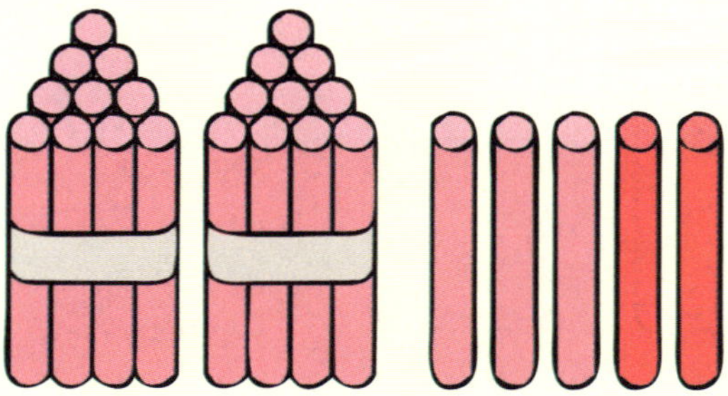

23 + 2 =

d

33 + 2 =

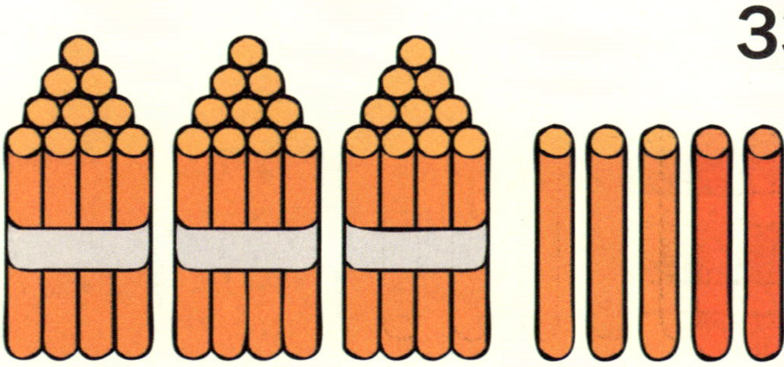

J'apprends

e

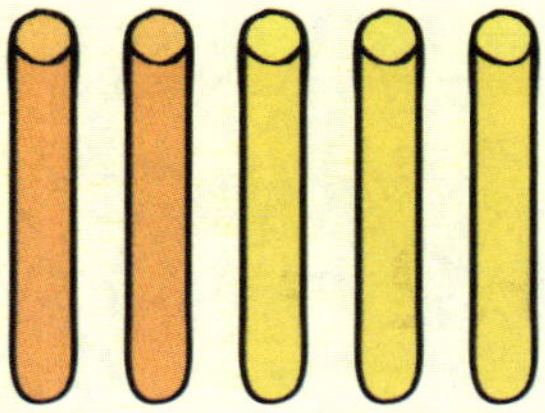

5 − 3 =

f

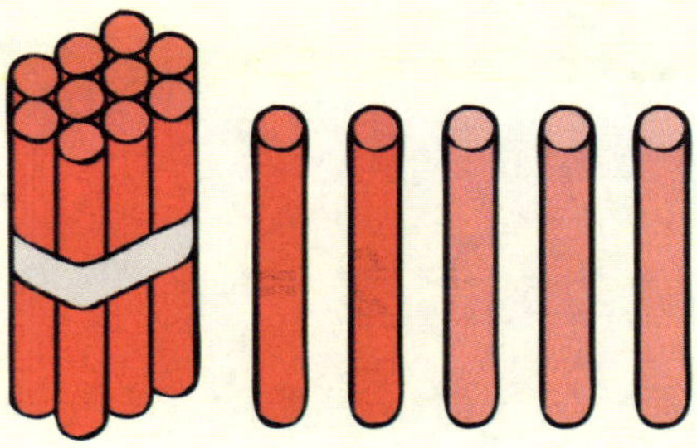

15 − 3 =

g

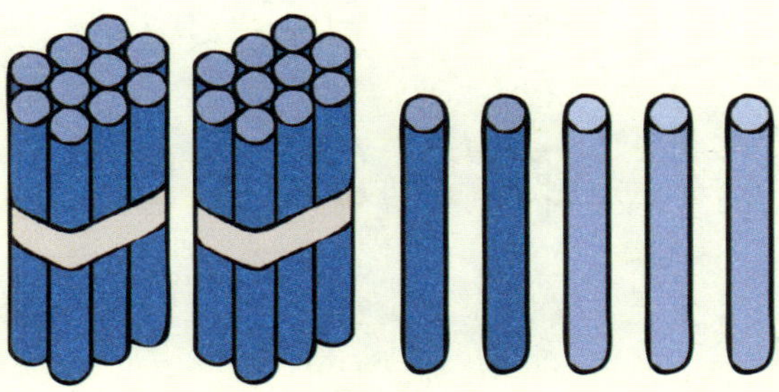

25 − 3 =

h

35 − 3 =

J'applique

1 Additionne et soustrais.

a

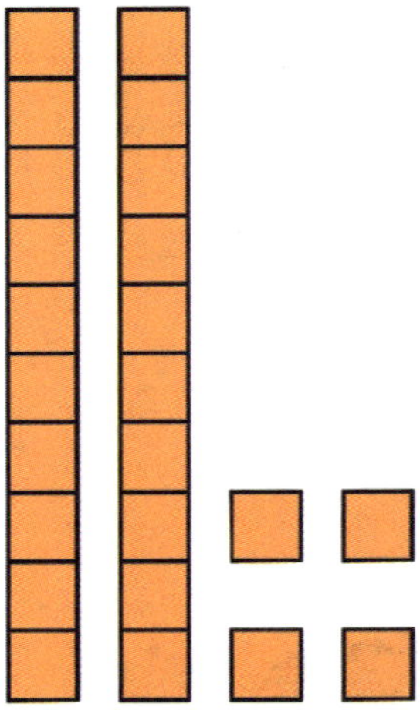

$24 + 4 =$ ☐

$24 - 4 =$ ☐

b

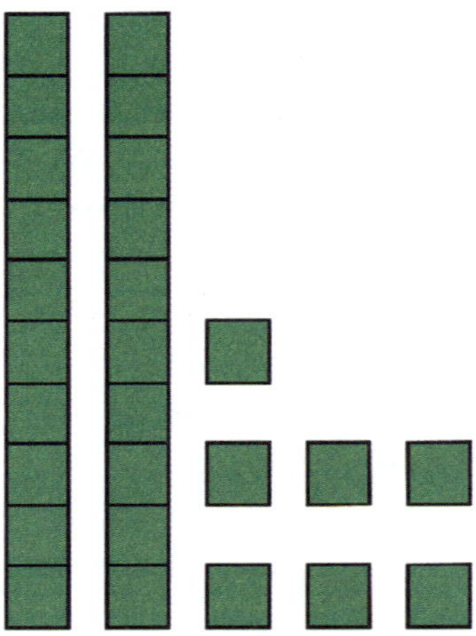

$27 + 3 =$ ☐

$27 - 3 =$ ☐

c

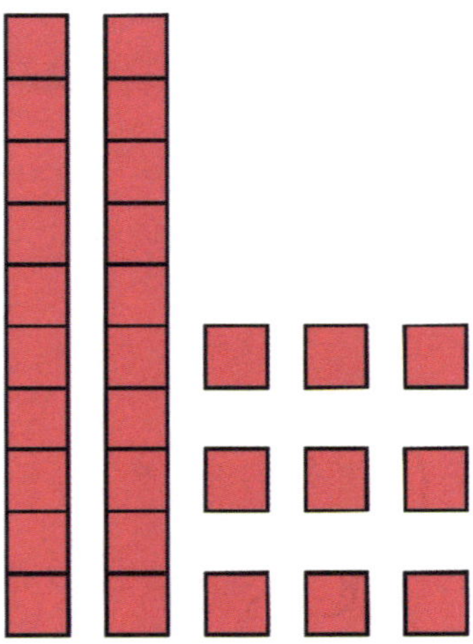

$29 + 10 =$ ☐

$29 - 10 =$ ☐

2 Additionne 29 et 3.

29 + 3 = ☐

3 Soustrais 2 de 31.

31 – 2 = ☐

4 Additionne.

a

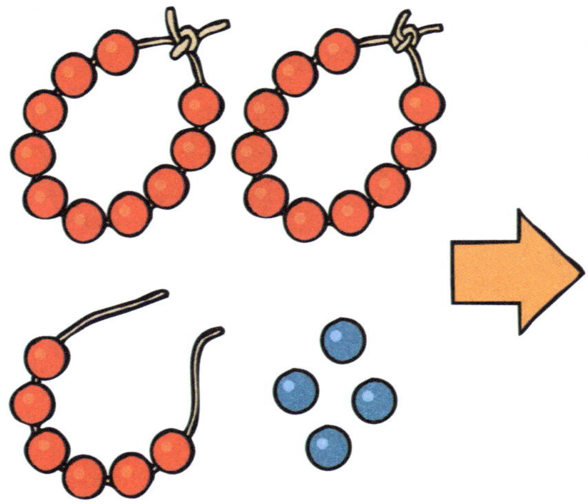

26 + 4 =

b

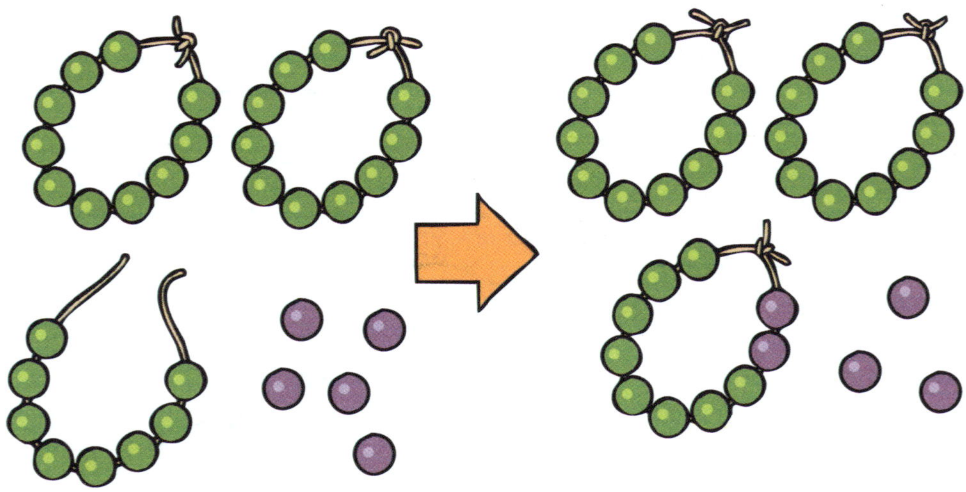

28 + 5 =

5 Additionne.

a

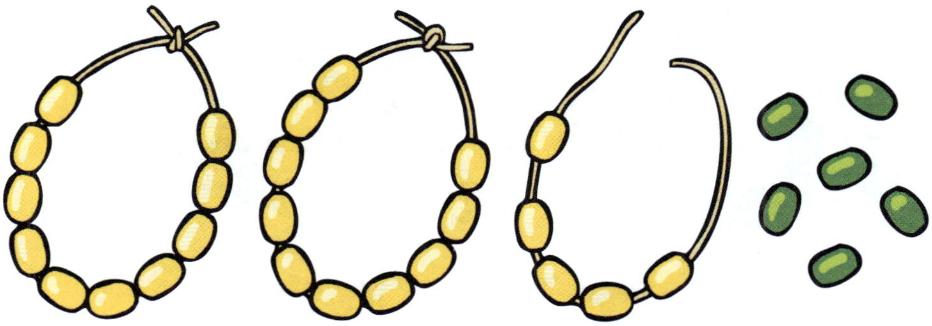

25 + 6 =

b

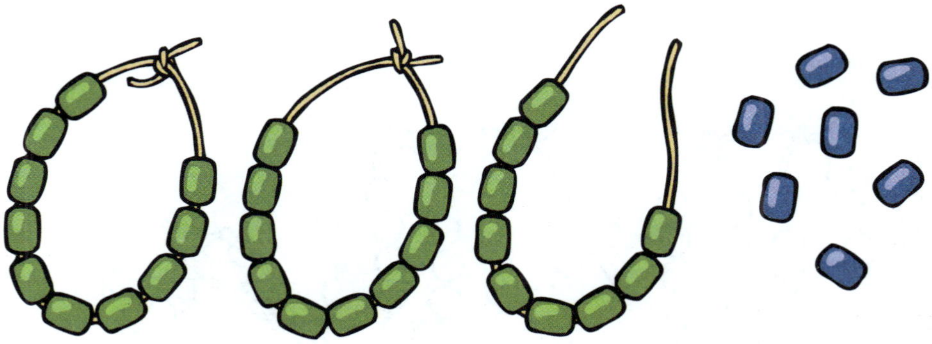

29 + 7 =

c

38 + 2 =

6 Soustrais.

a

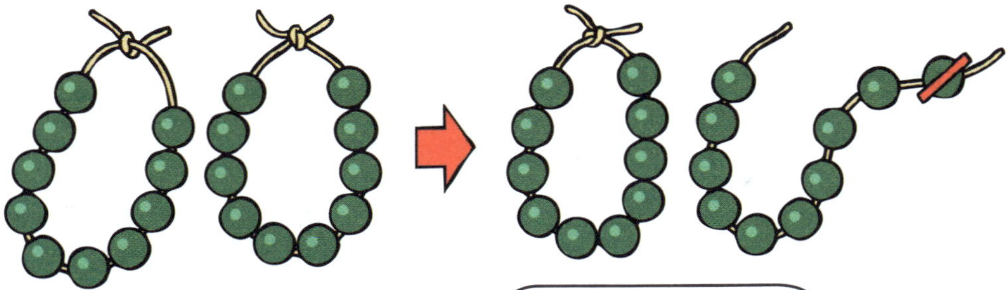

$20 - 1 =$ ☐

b

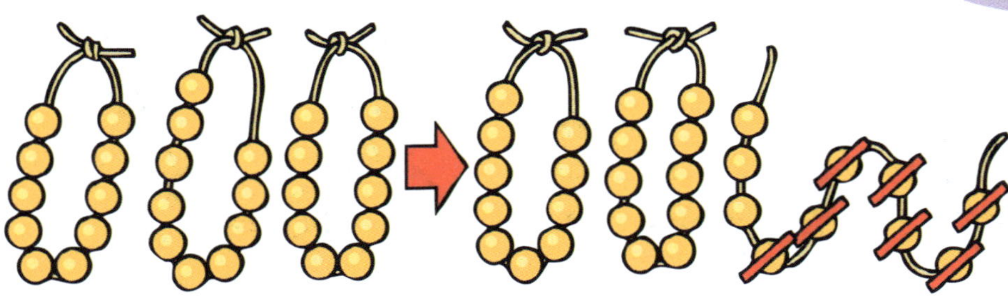

$30 - 7 =$ ☐

c

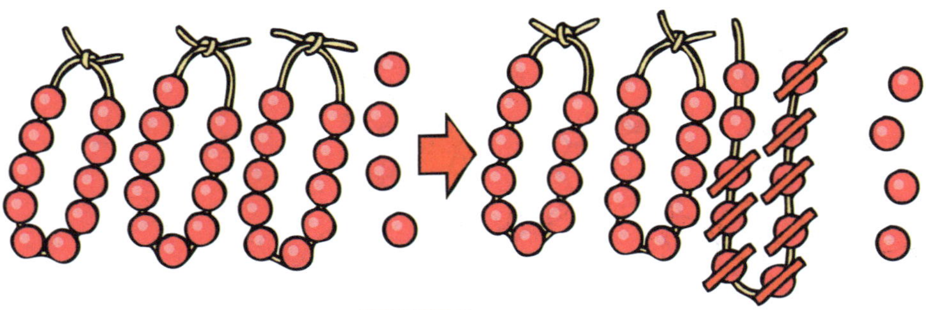

$34 - 8 =$ ☐

7 Soustrais.

a

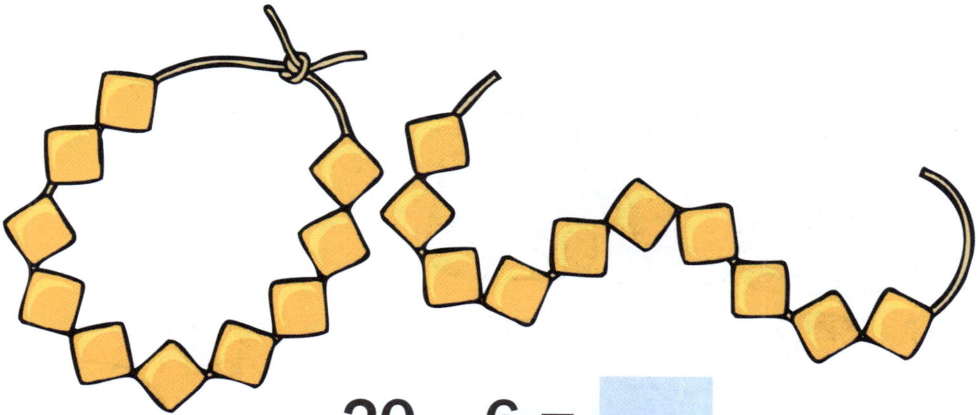

$20 - 6 =$ ☐

b

$30 - 8 =$ ☐

c

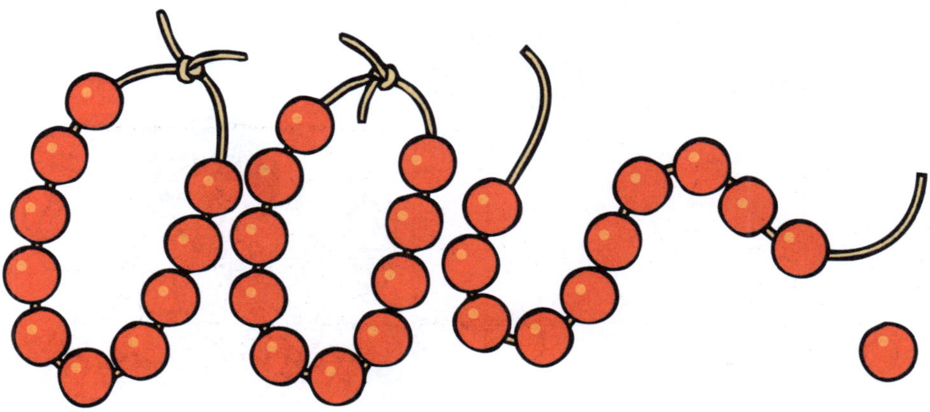

$31 - 9 =$ ☐

Leçon 4 • Additionner trois nombres

J'apprends

a

$8 + 2 =$ ___

b

$8 + 2 + 4 =$ ___

J'applique

1 Additionne les cubes.

a

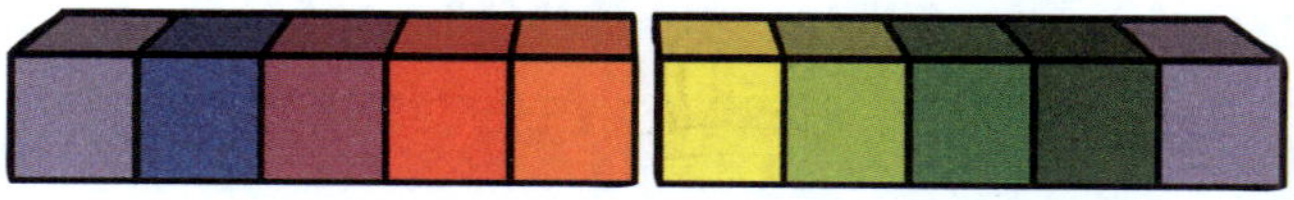

5 + 5 =

b

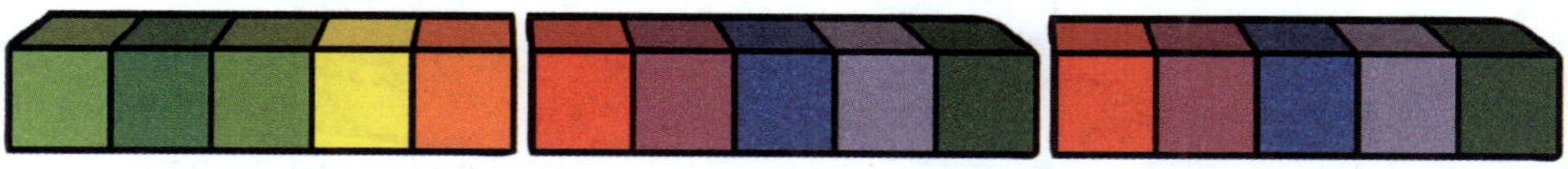

5 + 5 + 5 =

2 Complète les additions suivantes :

a 4 + 4 + 4 =

b 6 + 4 + 3 =

c 3 + 2 + 9 =

d 6 + 6 + 6 =

e 7 + 5 + 4 =

f 8 + 6 + 2 =

g 8 + 7 + 3 =

h 8 + 8 + 8 =

Chapitre 13 La multiplication

Leçon 1 • Additionner des groupes égaux

J'apprends

Compte chaque sorte de fruits.

J'apprends

a

5 + 5 + 5 = ☐

3 groupes de **5 =** ☐

b

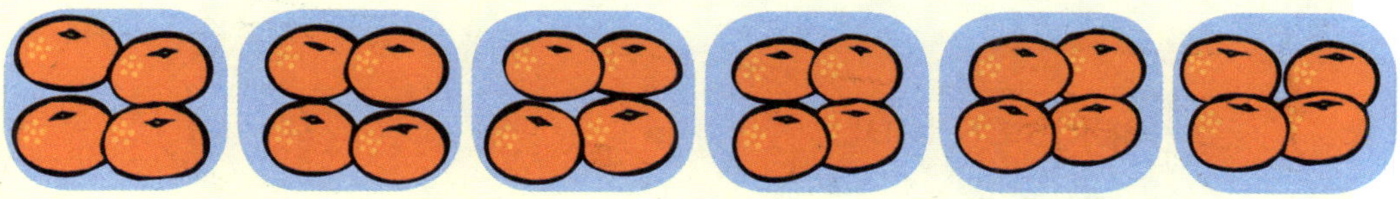

4 + 4 + 4 + 4 + 4 + 4 = ☐

6 groupes de **4 =** ☐

c

6 + 6 = ☐

2 groupes de **6 =** ☐

J'applique

1 Complète.

Il y a ☐ groupes égaux de lapins.

Il y a ☐ lapins par groupe.

Il y a ☐ groupes de ☐ lapins.

Il y a ☐ lapins en tout.

2 Complète.

Il y a ☐ groupes égaux de voiliers.

Il y a ☐ voiliers par groupe.

Il y a ☐ groupes de ☐ voiliers.

Il y a ☐ voiliers en tout.

3 Complète.

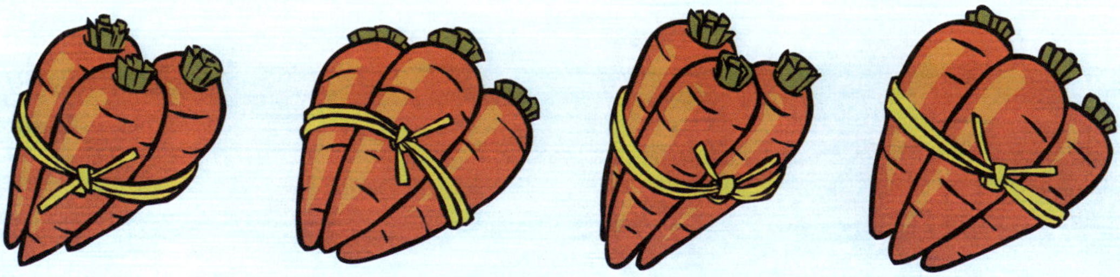

Il y a ___ groupes de 3 carottes.

Il y a ___ carottes en tout.

4 Complète.

Il y a ___ groupes de 4 gâteaux.

Il y a ___ gâteaux en tout.

5 Complète.

Il y a ___ groupes de ___ poissons.

Il y a ___ poissons en tout.

Leçon 2 • Petites histoires de multiplications

J'apprends

4 groupes de **2**

J'apprends

En mathématiques, on traduira cette histoire par une **opération** appelée « **multiplication** » :

4 × 2 cubes = 8 cubes

4 fois 2 cubes égale 8 cubes

J'applique

1 Raconte une histoire pour chaque phrase mathématique.

a

4×3 fleurs $= 12$ fleurs

b

4×5 fleurs $= 20$ fleurs

c

4×8 fleurs $= 32$ fleurs

2 Raconte une histoire pour chaque phrase mathématique.

a

4×6 pattes $= 24$ pattes

b

6×4 pattes $= 24$ pattes

Leçon 3 • Multiplier avec un résultat inférieur à 40

J'apprends

a

2 × 6 têtards = ______ têtards

b

4 × 5 moutons = ______ moutons

J'applique

1 Réponds à la question suivante :

Combien y a-t-il de poires en tout ?

3 × 2 poires = ☐ poires

Il y a ☐ poires en tout.

2 Réponds à la question suivante :

Combien y a-t-il de bûches en tout ?

4 × 5 bûches = ☐ bûches

Il y a ☐ bûches en tout.

3 Complète les phrases mathématiques.

a

2 × ☐ poissons = ☐ poissons

b

☐ × ☐ champignons = ☐ champignons

c

☐ × ☐ perles = ☐ perles

4 Réponds à la question suivante :

Il y a 6 timbres par rangée.
Combien y a-t-il de timbres dans 3 rangées ?

3 × **6** timbres = ☐ timbres

Il y a ☐ timbres.

5 Réponds à la question suivante :

Lily a fait ces carrés avec des allumettes.
Combien a-t-elle utilisé d'allumettes en tout ?

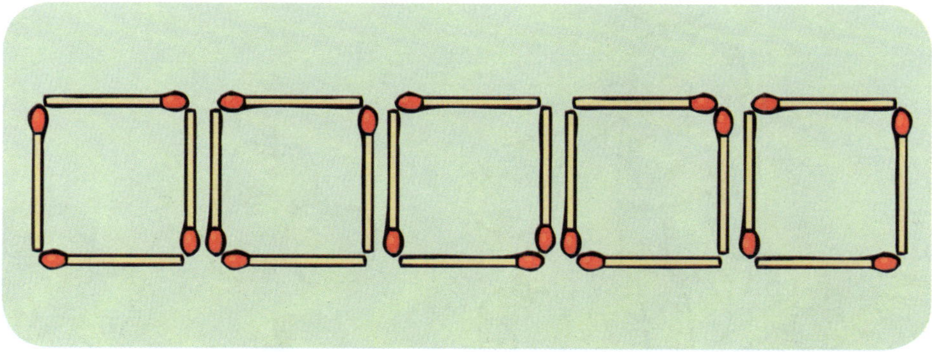

5 × **4** allumettes = ☐ allumettes

Elle a utilisé ☐ allumettes.

Chapitre 14 La division

Leçon 1 • Partager et regrouper

J'apprends

J'apprends

Divise 15 pommes en 3 groupes égaux.

Il y a ___ pommes par groupe.

J'apprends

Divise 15 pommes par groupes de 3.

Il y a ___ groupes de 3.

J'applique

1 Divise 10 enfants en 2 groupes égaux.
Combien y aura-t-il d'enfants dans chaque groupe ?

Il y aura ☐ enfants par groupe.

2 Partage également 12 noisettes entre 2 enfants.
Combien chaque enfant aura-t-il de noisettes ?

Chaque enfant aura ☐ noisettes.

3 Répartis également 14 crayons entre 2 boîtes.
Combien y aura-t-il de crayons dans chaque boîte ?

Il y aura ☐ crayons par boîte.

4 Tu as 6 fleurs.
Tu en mets 3 par vase.
De combien de vases as-tu besoin ?

J'ai besoin de ☐ vases.

5 Tu as 20 pièces.
Regroupe-les par 5.
Combien de groupes de pièces as-tu ?

J'ai ___ groupes de pièces.

6 Divise 12 bananes par groupes de 3.
Combien y a-t-il de groupes ?

Il y a ___ groupes.

Chapitre 15 Les moitiés et les quarts

Leçon 1 • Former des moitiés et des quarts

J'apprends

Plie une feuille de papier carrée en 2 :
tu obtiens 2 **moitiés.**

Puis plie-la à nouveau en 2 : tu obtiens 4 **quarts.**

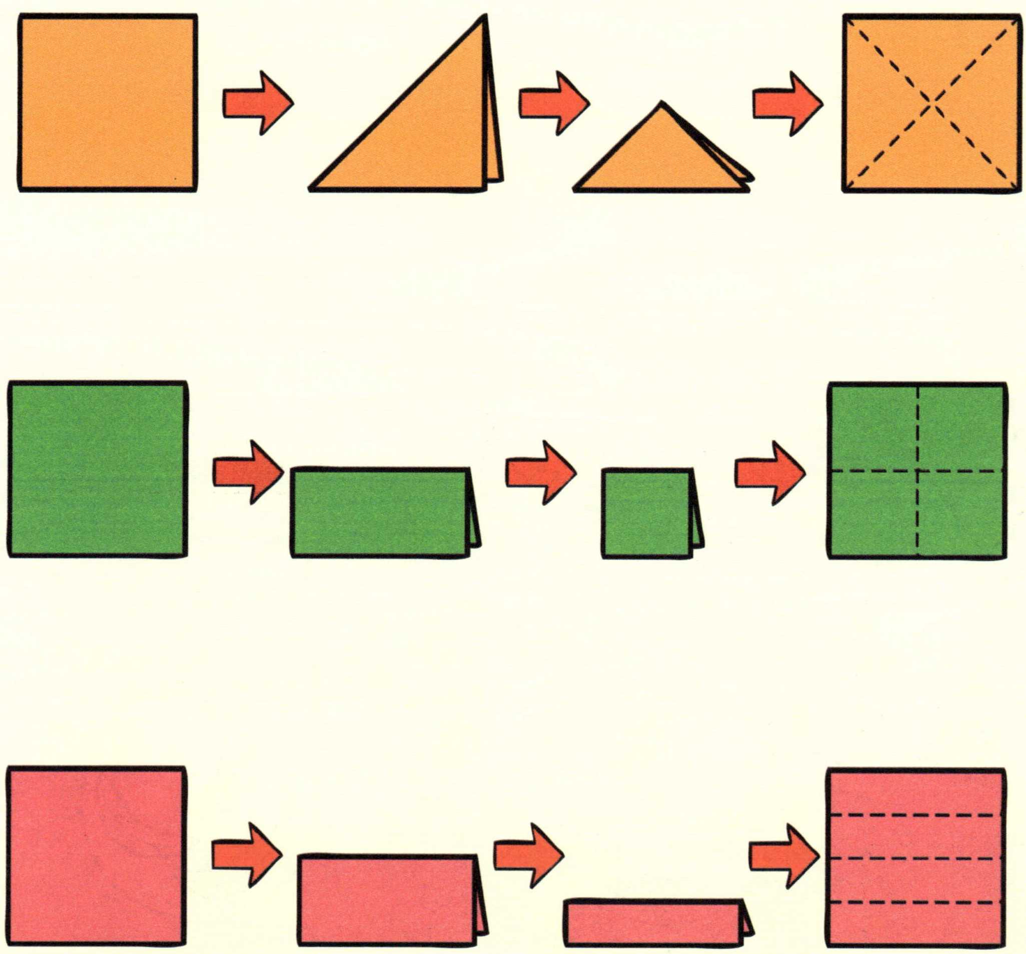

J'applique

1 Complète.

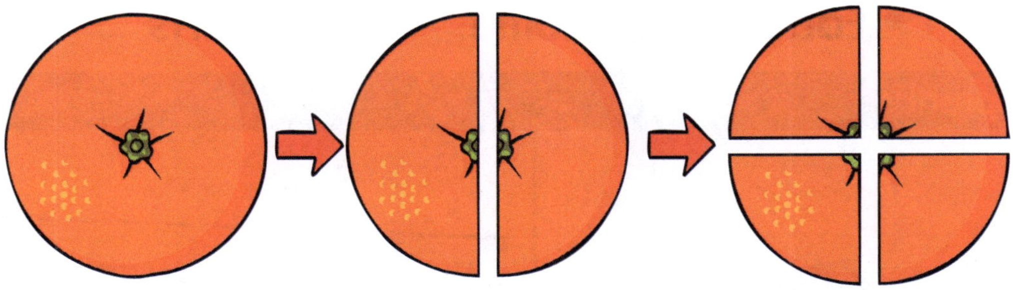

Un tout ☐ moitiés ☐ quarts

2 Lesquels de ces dessins montrent des moitiés ?

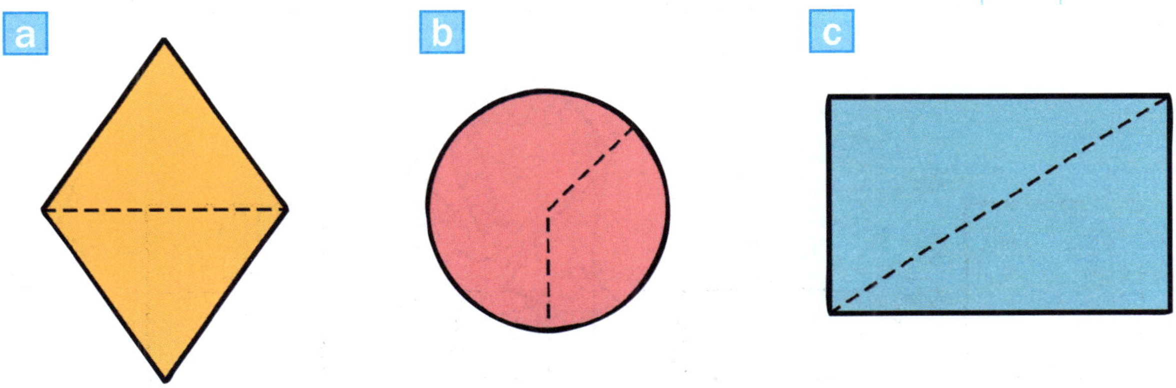

3 Lesquels de ces dessins montrent des quarts ?

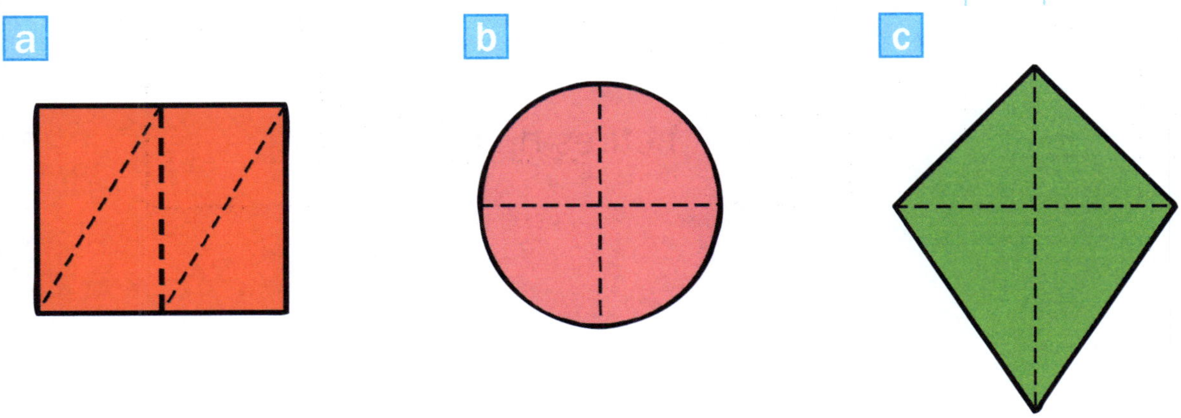

Chapitre 16 L'heure

Leçon 1 • Lire l'heure

J'apprends

Il est 7 heures du matin.

J'applique

1 Quelle heure est-il ?

a

b

c

d

e

f

2 Quelle heure est-il ?

a

Il est **4** heures.

b

Il est **4** heures **et demie**.

c

Il est ____ heures.

d

Il est ____ heures et demie.

e

Il est ____ heures et demie.

3 Quelle heure est-il ?

a

b

c

d

e

f

Chapitre 17 Les nombres jusqu'à 100

Leçon 1 • Les dizaines et les unités

J'apprends

Compte par dizaines.

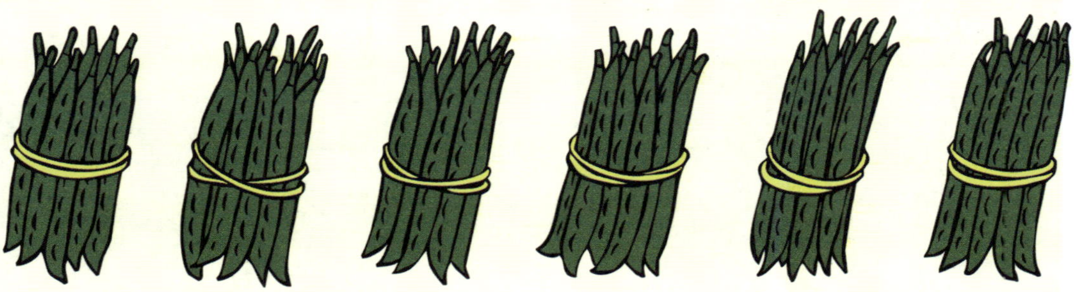

J'apprends

10

dix

☐ dizaine = 10

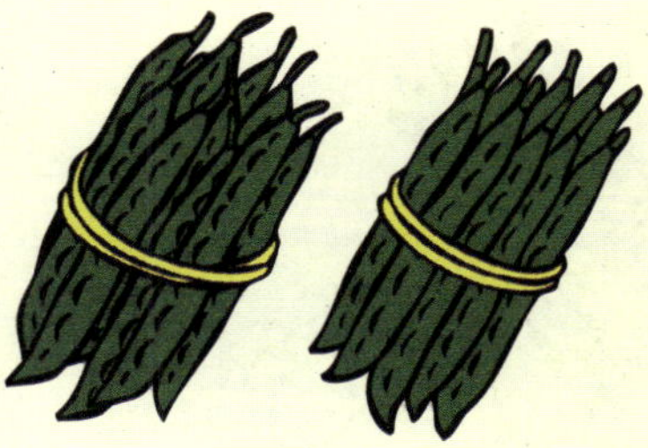

20

vingt

☐ dizaines = 20

30

trente

☐ dizaines = 30

J'apprends

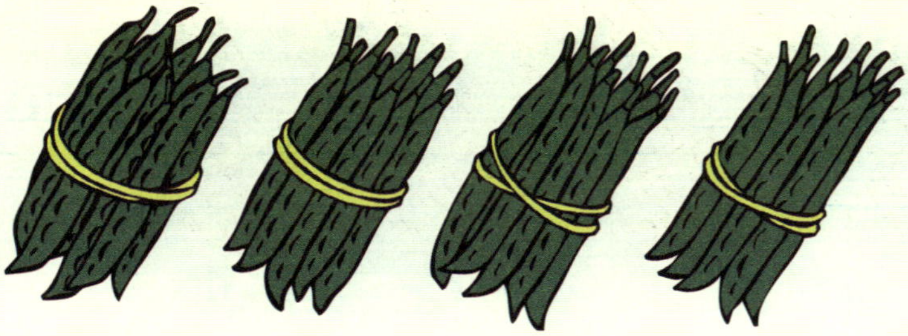

40
quarante

☐ dizaines = 40

50
cinquante

☐ dizaines = 50

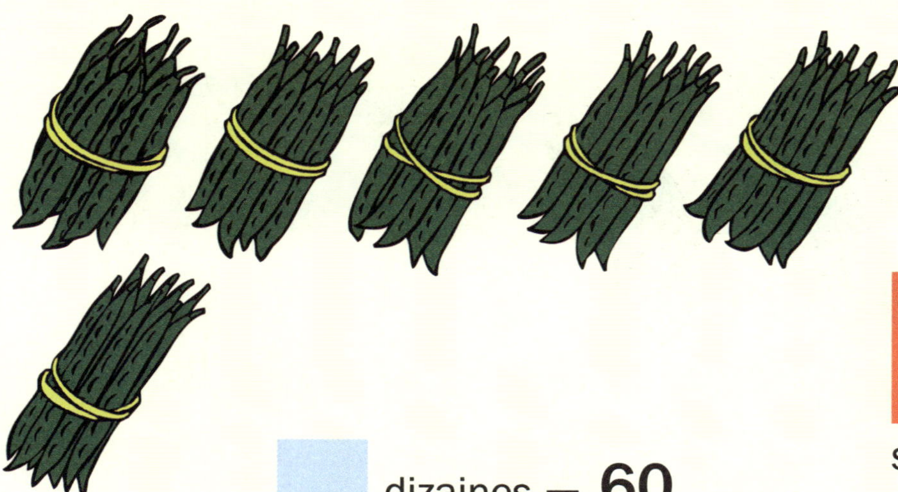

60
soixante

☐ dizaines = 60

J'apprends

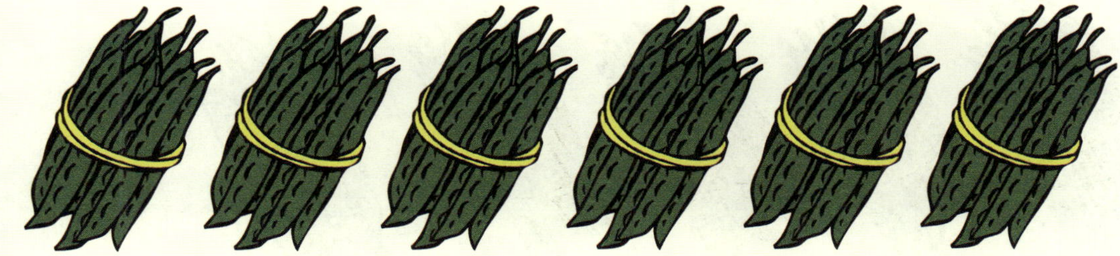

70

soixante-dix

70 = 7 dizaines

70 = 6 dizaines **+ 1** dizaine

70 = 60 + 10

70 s'écrit soixante-dix .

80

quatre-vingts

80 = 8 dizaines

80 = 4 × 20

80 s'écrit quatre-vingts .

J'apprends

90

quatre-vingt-dix

$90 = 9$ dizaines

$90 = 4 \times 20 + 10$

90 s'écrit quatre-vingt-dix .

100

cent

$100 = 10$ dizaines

J'applique

1 Compte les dizaines.

a

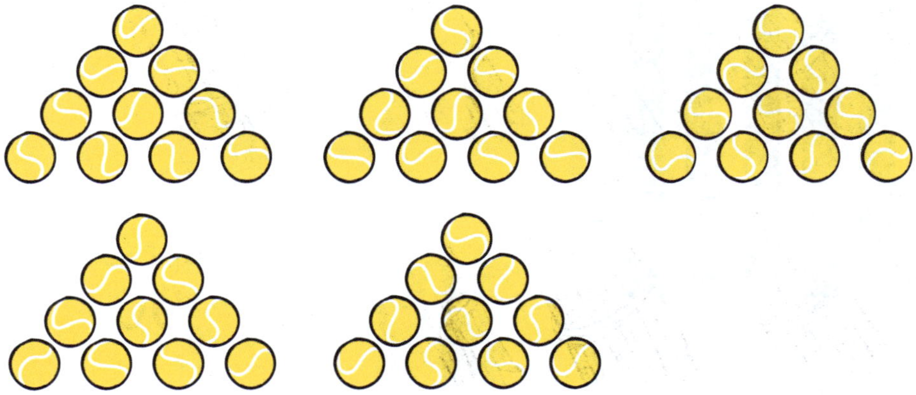

☐ dizaines = ☐

b

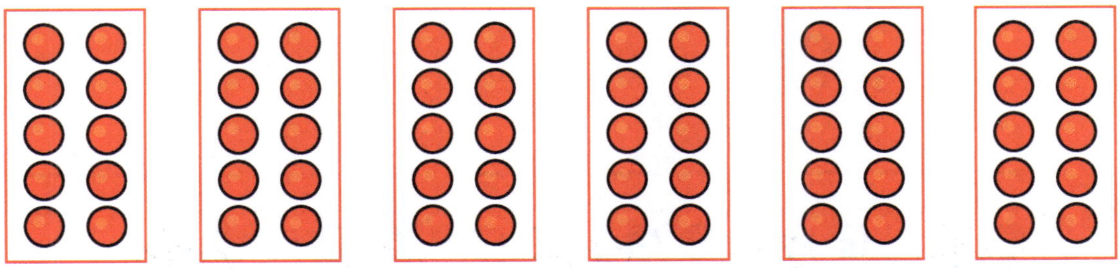

☐ dizaines = ☐

c

☐ dizaines = ☐

2 Compte par dizaines et unités.

a

soixante-quatorze

74, c'est **70** et **4**.

74 = ____ dizaines et ____ unités

b

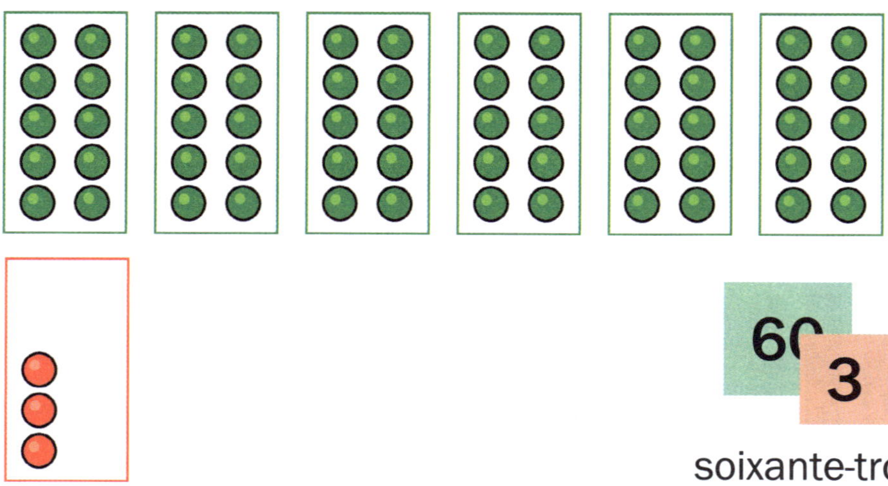

soixante-trois

63, c'est **60** et **3**.

63 = ____ dizaines et ____ unités

3 Compte les dizaines et les unités.

a

☐ dizaines et ☐ unités = ☐

b

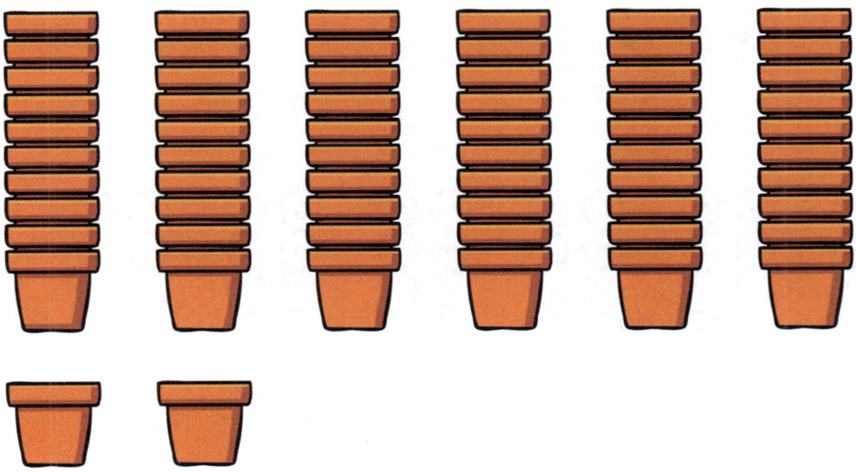

☐ dizaines et ☐ unités = ☐

c

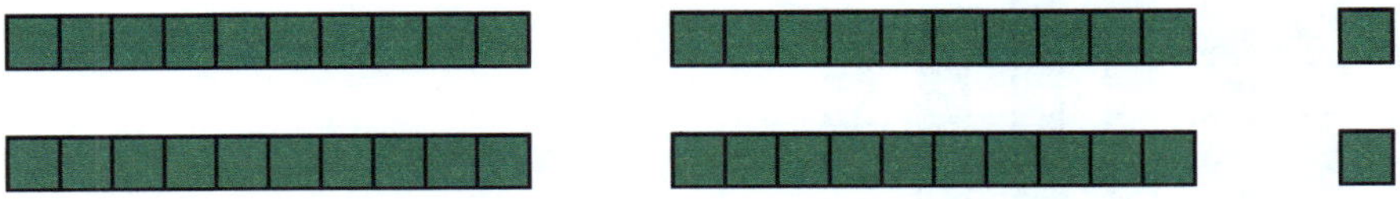

☐ dizaines et ☐ unités = ☐

4 Complète.

a

70 + 1 = ___

b

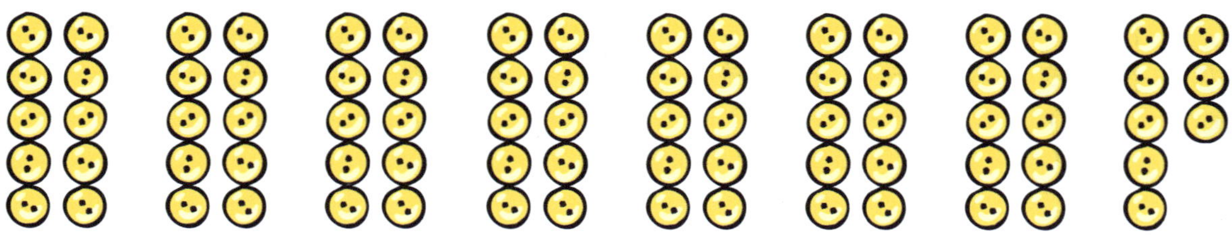

70 + ___ = ___

c

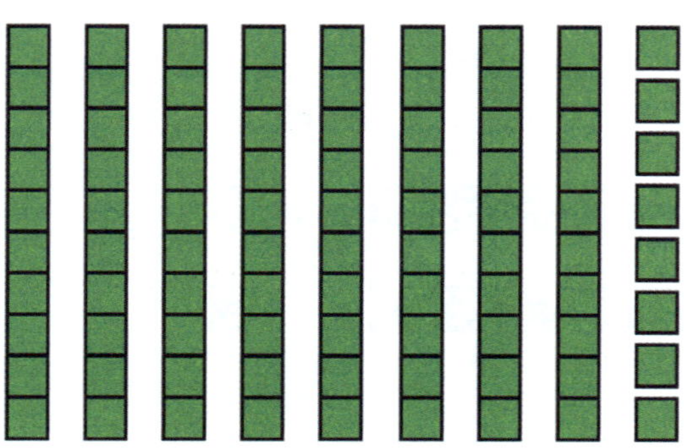

80 + ___ = ___

5 Compte les dizaines puis écris le résultat en chiffres et en lettres.

a

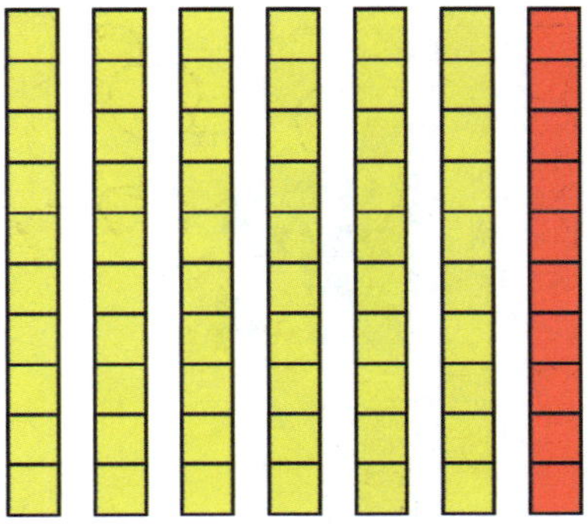

dizaines =

et s'écrit en lettres

b

dizaines =

et s'écrit en lettres

c

dizaines =

et s'écrit en lettres

6 Compte les dizaines puis écris le résultat en chiffres et en lettres.

a

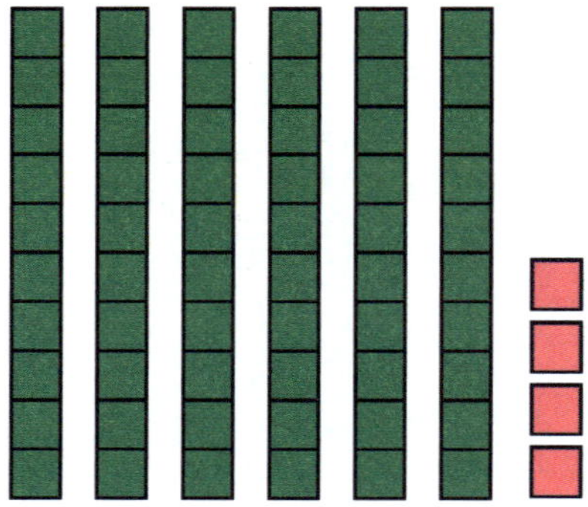

64, c'est **60** et **4**.

64 s'écrit

64 = ☐ dizaines et ☐ unités.

b

73, c'est **60** et **13**.

73 s'écrit

73, c'est **60** et **10** et **3**.

73 = ☐ dizaines et ☐ unités.

c

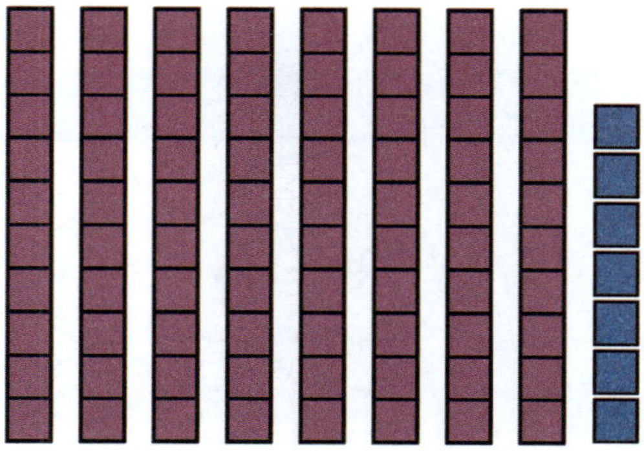

87, c'est **80** et **7**.

87 s'écrit

87 = ____ dizaines et ____ unités.

d

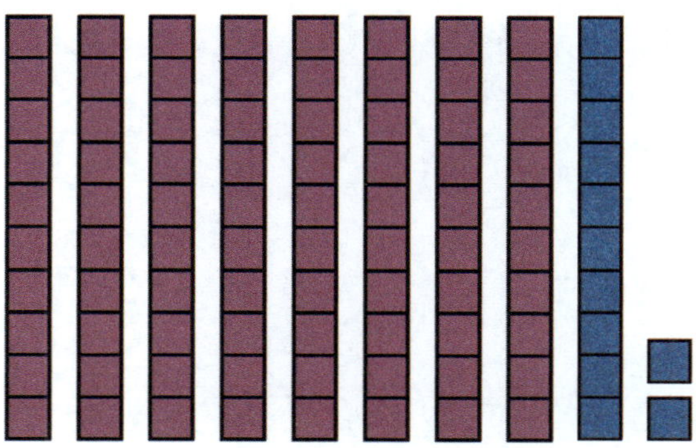

92, c'est **80** et **12**.

92 s'écrit

92, c'est **80** et **10** et **2**.

92 = ____ dizaines et ____ unités.

Leçon 2 • L'ordre des nombres

J'apprends

Le tigre est sur le **53**.

Où sont l'éléphant, l'ours et la girafe ?

J'apprends

Partant de 53, le tigre avance de 3 unités.
Où va-t-il se trouver ?

3 de plus que **53**, c'est ______ .

Partant de 27, l'éléphant recule de 2 unités.
Où va-t-il se trouver ?

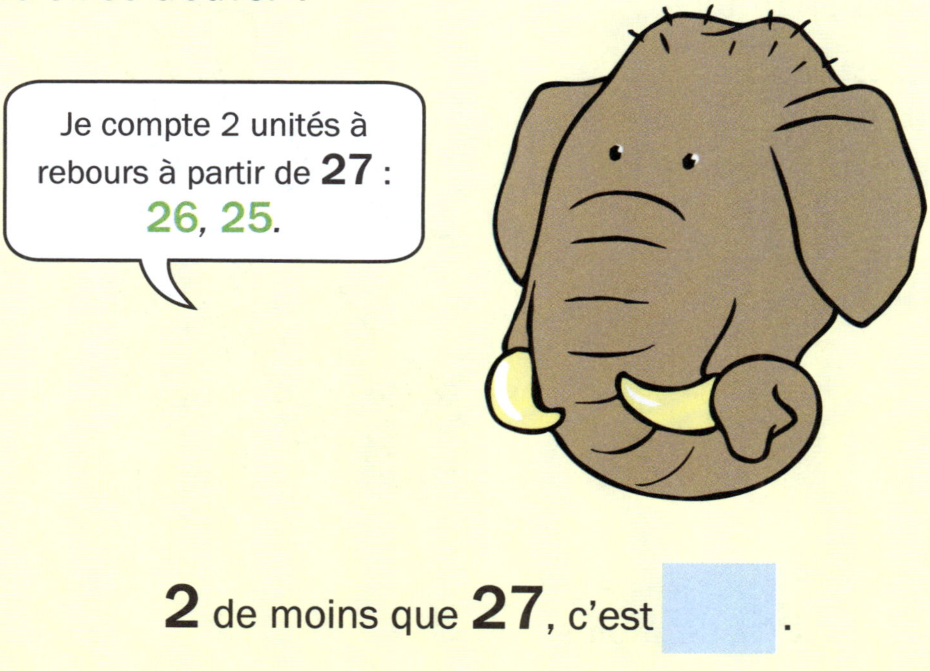

2 de moins que **27**, c'est ______ .

J'apprends

Partant de 22, l'ours avance de 4 dizaines.
Où va-t-il se trouver ?

Je compte 4 dizaines à partir de **22** :
32, 42, 52, 62.

40 de plus que **22**, c'est ____ .

Partant de 89, la girafe recule de 5 dizaines.
Où va-t-elle se trouver ?

Je compte 5 dizaines à rebours à partir de **89** :
79, 69, 59, 49, 39.

50 de moins que **89**, c'est ____ .

J'applique

1 Réponds aux questions suivantes :

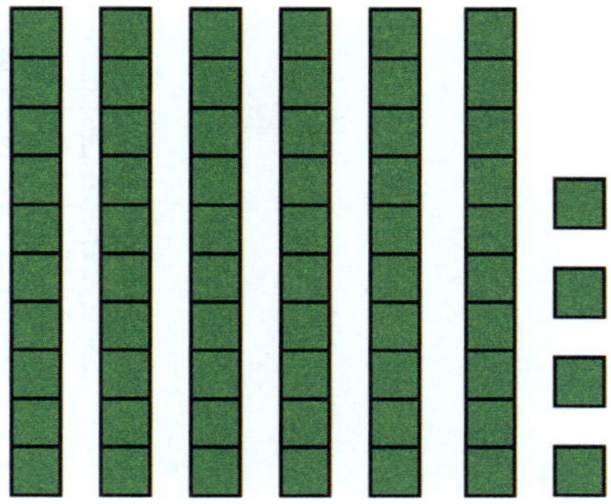

a Quel est le nombre plus grand que 64 de 1 unité ?

b Quel est le nombre plus petit que 64 de 1 unité ?

c Quel est le nombre plus grand que 64 de 1 dizaine ?

d Quel est le nombre plus petit que 64 de 1 dizaine ?

2 Quels sont les nombres manquants ?

a	30	40	?	?	70	80
b	26	36	46	?	?	?
c	73	63	?	43	?	?

3 Réponds aux questions suivantes :

a Quel est le nombre plus grand que 52 de 1 dizaine ?

b Quel est le nombre plus petit que 52 de 2 dizaines ?

c Quel est le nombre plus grand que 90 de 1 dizaine ?

d Quel est le nombre plus petit que 90 de 2 dizaines ?

4 Réponds aux questions suivantes :

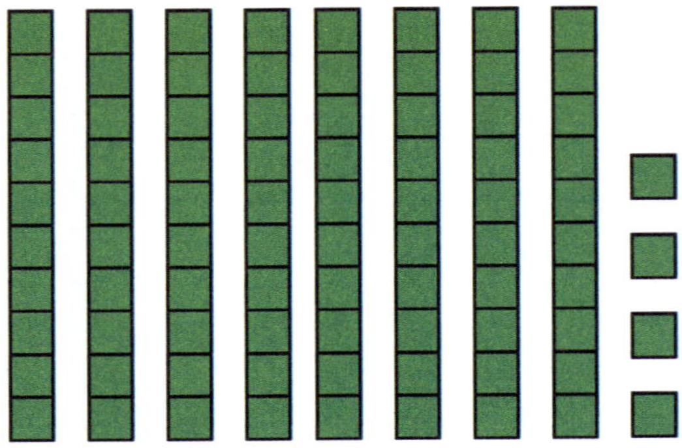

a Quel est le nombre plus grand que 84 de 1 unité ?

b Quel est le nombre plus petit que 84 de 1 unité ?

c Quel est le nombre plus grand que 84 de 1 dizaine ?

d Quel est le nombre plus petit que 84 de 1 dizaine ?

5 Quels sont les nombres manquants ?

a	50	60	?	?	90	?
b	48	58	68	?	?	?
c	?	83	?	?	53	43

6 Réponds aux questions suivantes :

a Quel est le nombre plus grand que 62 de 1 dizaine ?

b Quel est le nombre plus grand que 62 de 2 dizaines ?

c Quel est le nombre plus petit que 96 de 1 dizaine ?

d Quel est le nombre plus petit que 46 de 2 dizaines ?

e Quel est le nombre plus petit que 96 de 3 dizaines ?

Leçon 3 • Additionner avec un total inférieur à 100

J'apprends

Additionne 54 et 3.

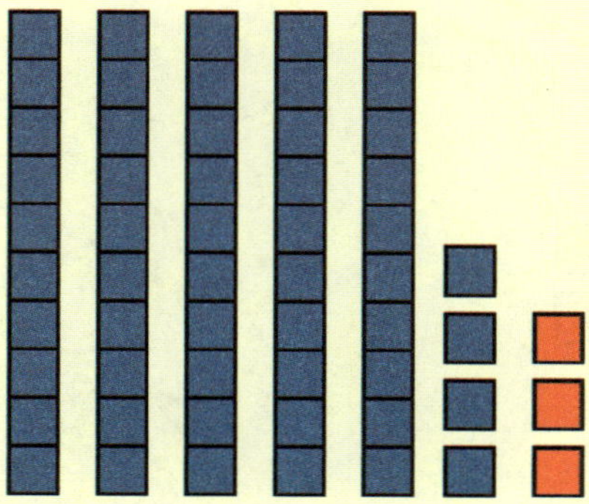

54 + 3 = ☐

J'applique

1 Additionne.

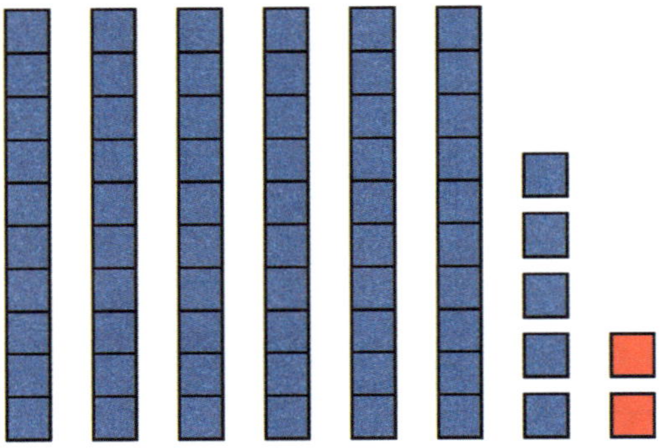

65 + 2 =

2 Additionne.

a

74 + 6 =

b

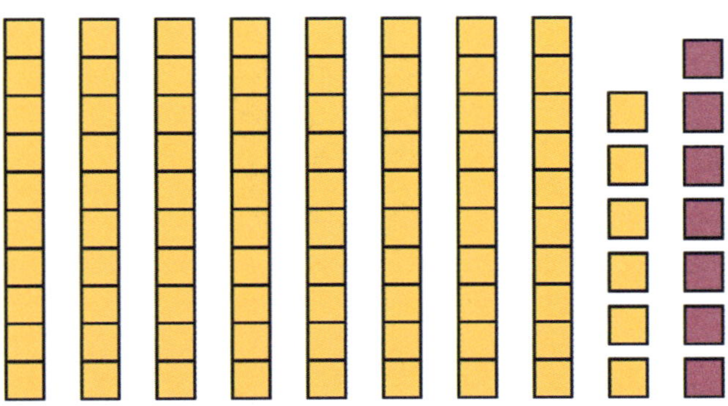

86 + 7 =

3 Additionne 62 et 30.

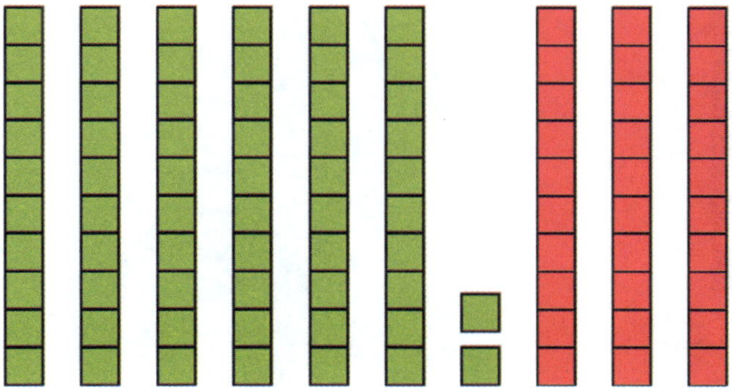

62 + 30 = ___

4 Additionne.

a

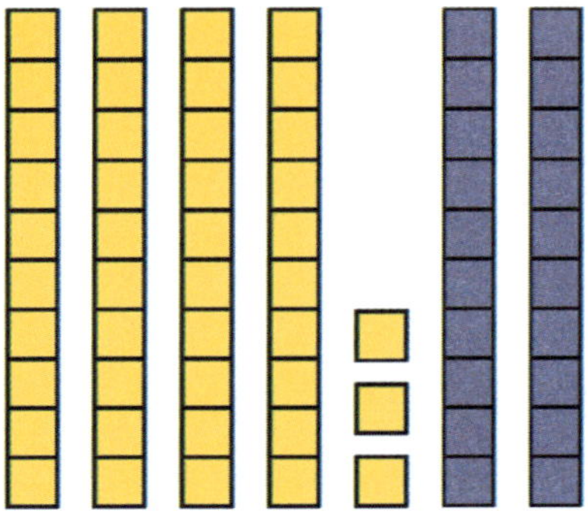

43 + 20 =

b

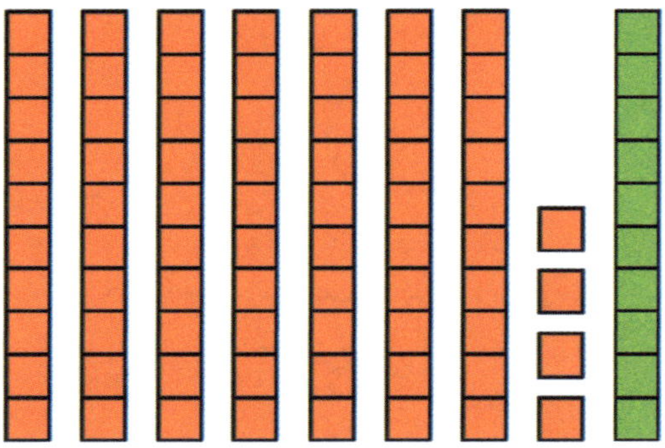

74 + 10 =

c

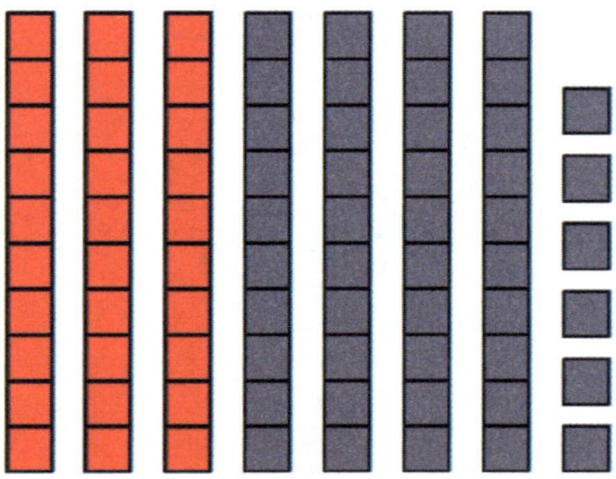

30 + 46 =

5 Additionne 32 et 16.

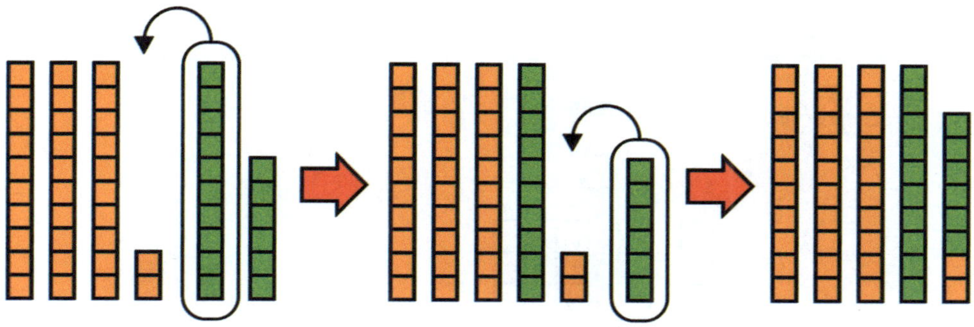

32 + 16 = ☐

6 Additionne 43 et 35.

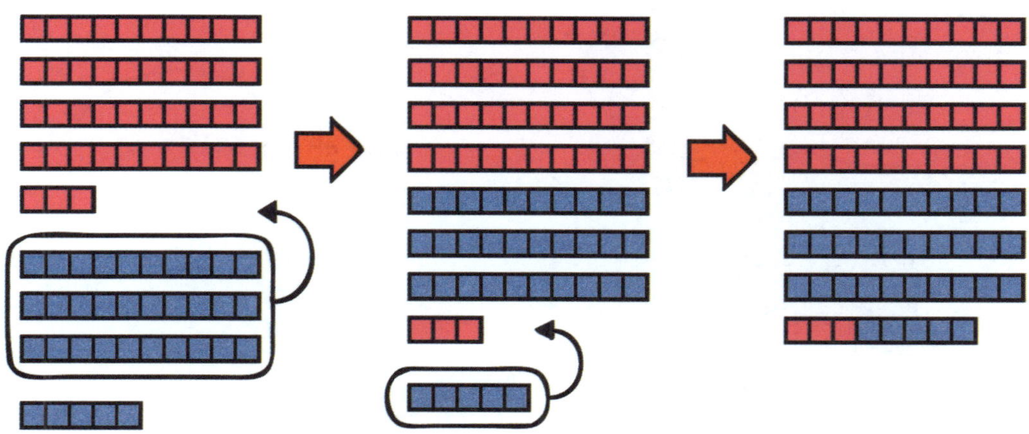

43 + 35 = ☐

Leçon 4 • Soustraire les nombres inférieurs à 100

J'apprends

Soustrais 2 de 48.

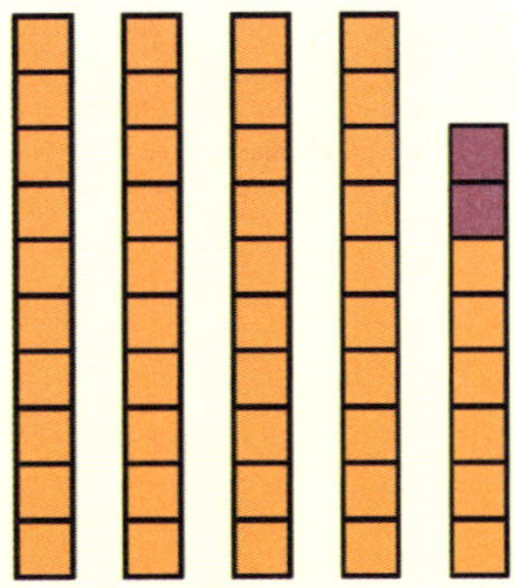

48 − 2 = ☐

J'applique

1 Soustrais.

a

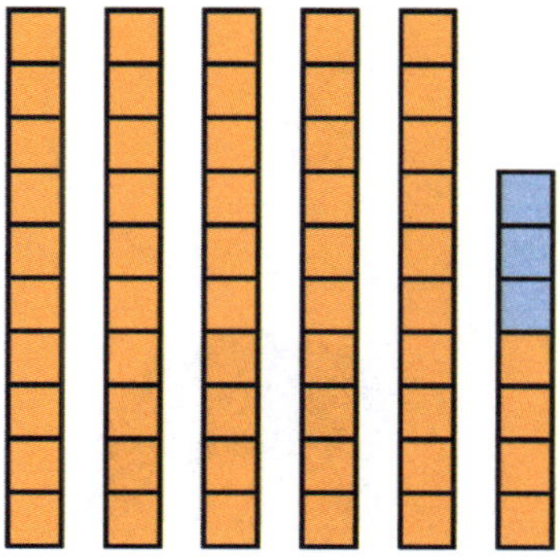

57 − 3 =

b

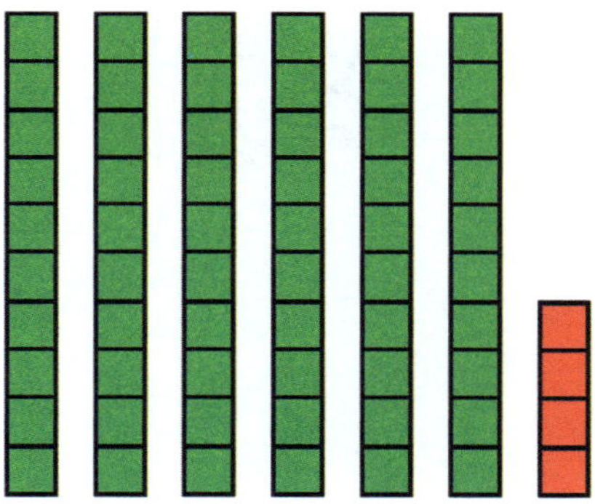

64 − 4 =

2 Soustrais.

a

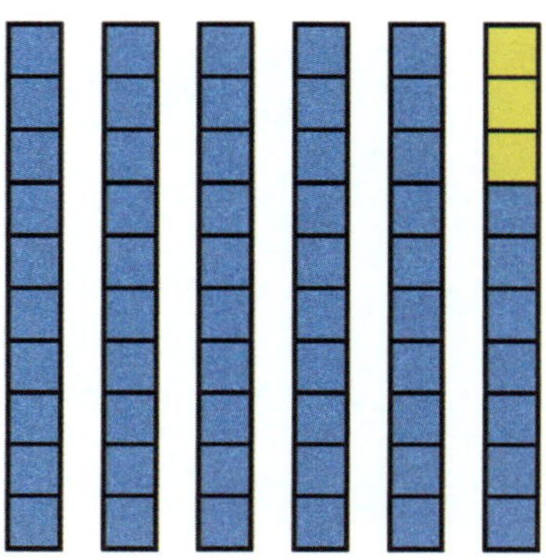

60 − 3 =

b

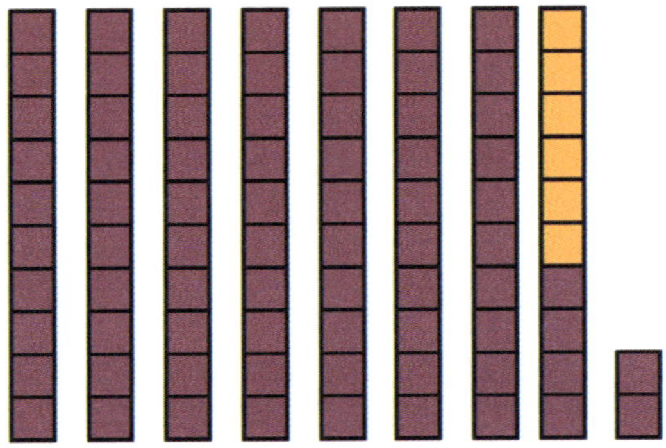

82 – 6 =

c

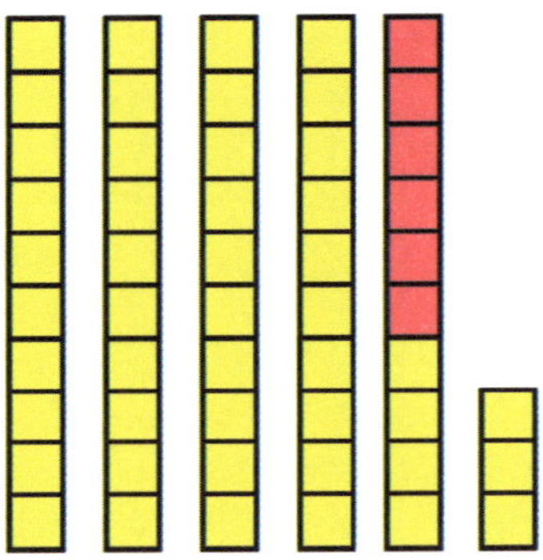

53 – 6 =

d

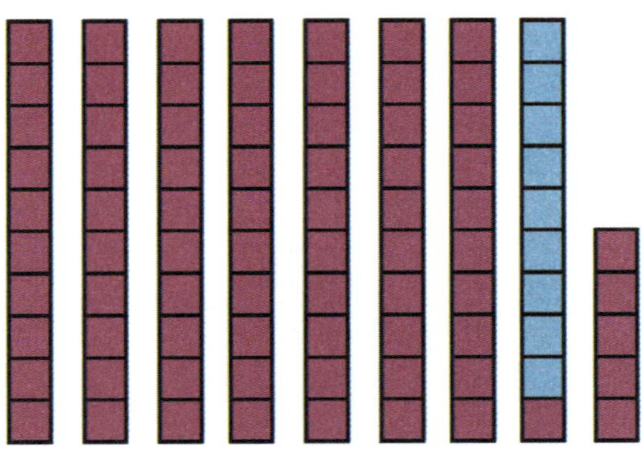

85 – 9 =

3 Soustrais 20 de 53.

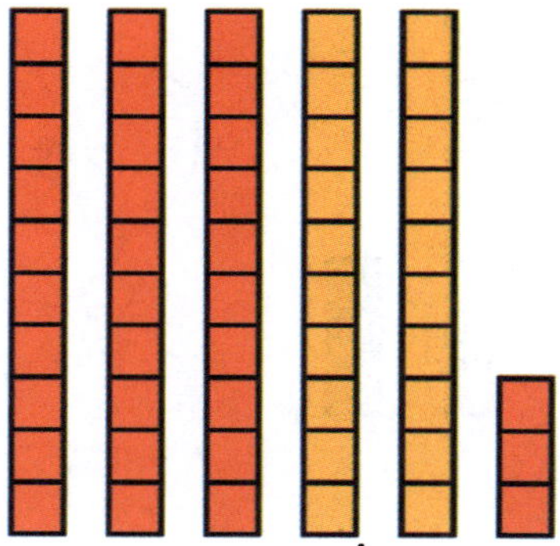

53 – 20 = ☐

4 Soustrais.

a

$73 - 10 = $ ______

b

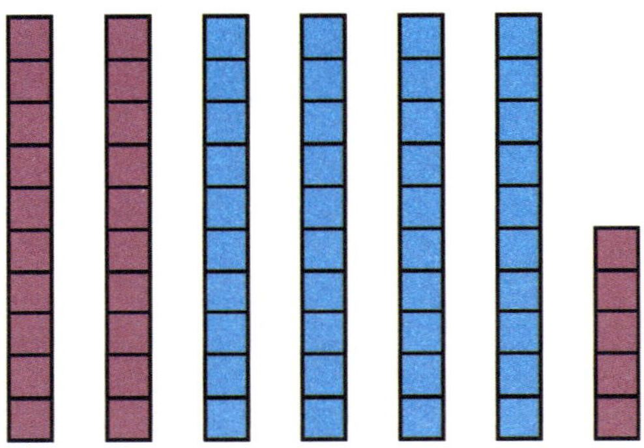

$65 - 40 = $ ______

c

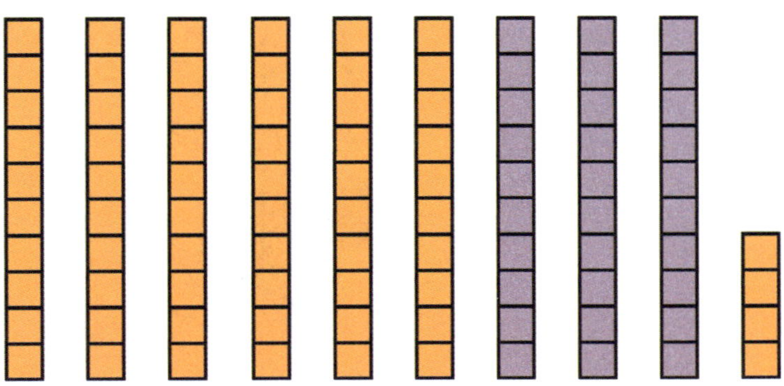

$94 - 30 = $ ______

5 Soustrais 14 de 56.

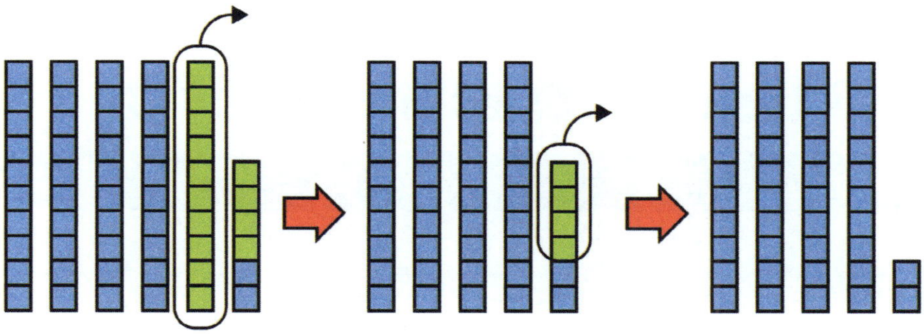

56 − 14 =

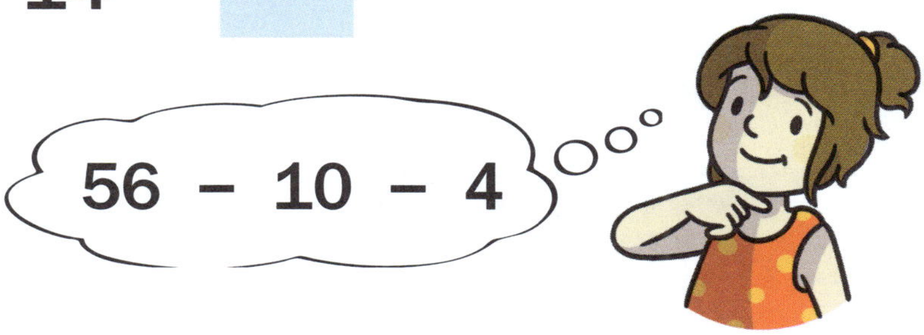

6 Soustrais 32 de 78.

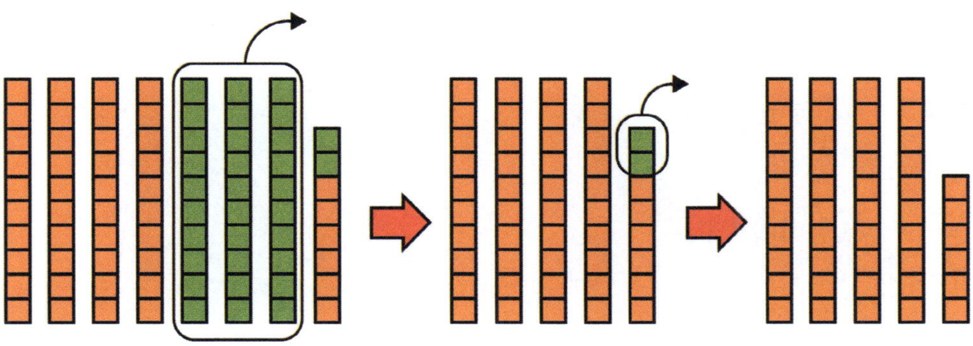

78 − 32 =

Chapitre 18 Les euros

Leçon 1 • Les billets et les pièces

J'apprends

Voici les pièces et les principaux billets que nous utilisons en France. Connais-tu leur valeur ?

J'apprends

Une pièce de cinquante centimes peut être échangée contre   pièces de dix centimes.

Une pièce de un euro peut être échangée contre   pièces de dix centimes.

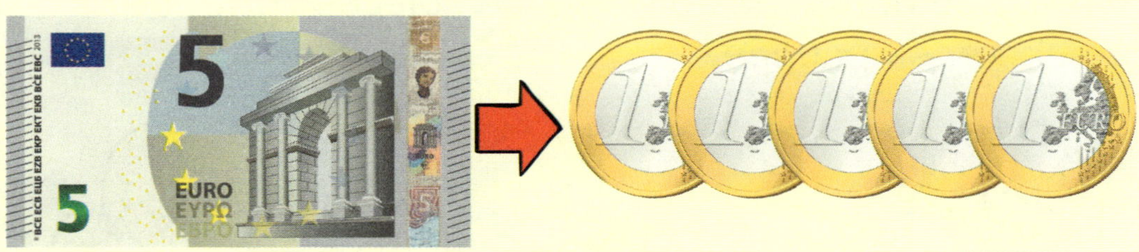

Un billet de cinq euros peut être échangé contre   pièces de un euro.

Un billet de dix euros peut être échangé contre   billets de cinq euros.

J'applique

1 Maxime a donné les pièces suivantes à la caisse pour acheter ce bloc-notes.

50, **70**, **80**, **90**, **95** centimes.

Le bloc-notes a coûté ______ centimes.

2 Romane a dû donner les billets et les pièces suivantes pour acheter sa poupée.

10, **15**, **16**, **17** euros.

La poupée a coûté ______ euros.

3 Combien y a-t-il d'argent dans chaque case ?

a

b

c

d

e

f

4 Combien y a-t-il d'argent dans chaque case ?

a

b

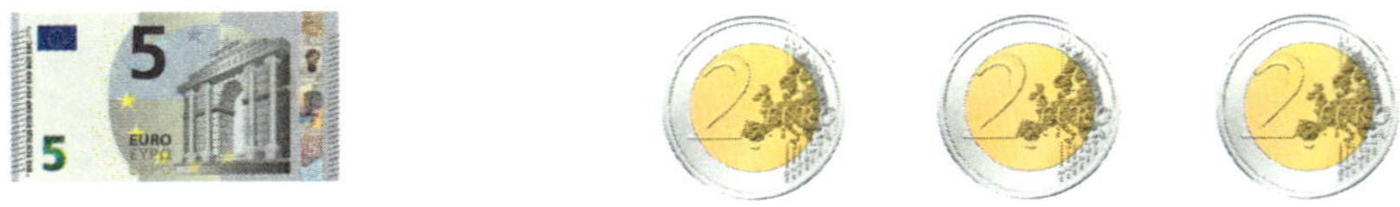

c

d

e

f

5 De quel côté y a-t-il le plus d'argent ?

a

groupe A

groupe B

b

groupe X

groupe Y

6 Quel objet est le moins cher ?

a

b

Leçon 2 • Faire les courses

J'apprends

J'ai 20 euros. Il me reste 3 euros après avoir acheté la poupée.

Marie

$$20\,€ - 17\,€ = 3\,€$$

J'ai 15 euros. Ce n'est pas assez pour acheter la poupée. Il me manque 2 euros.

Daphné

$$17\,€ - 15\,€ = 2\,€$$

J'applique

1 Résous ce problème :

Louis veut acheter ces deux objets.
De combien a-t-il besoin ?

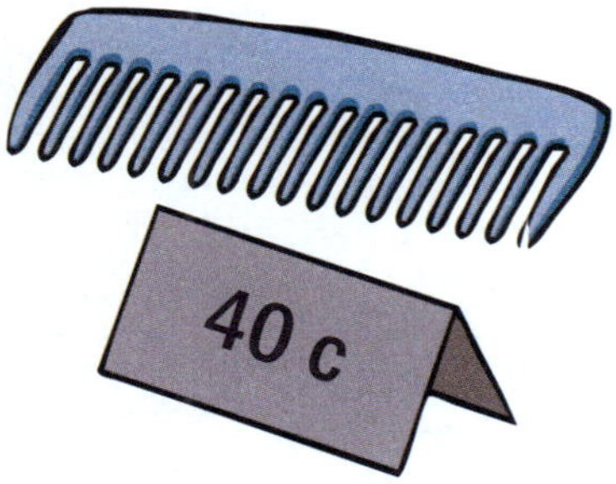

30 centimes **+ 40** centimes **=** ☐ centimes.

Il a besoin de ☐ centimes.

2 Résous ce problème :

Inès a 9 euros.
Elle voudrait acheter ce porte-monnaie.
Combien lui manque-t-il pour pouvoir l'acheter ?

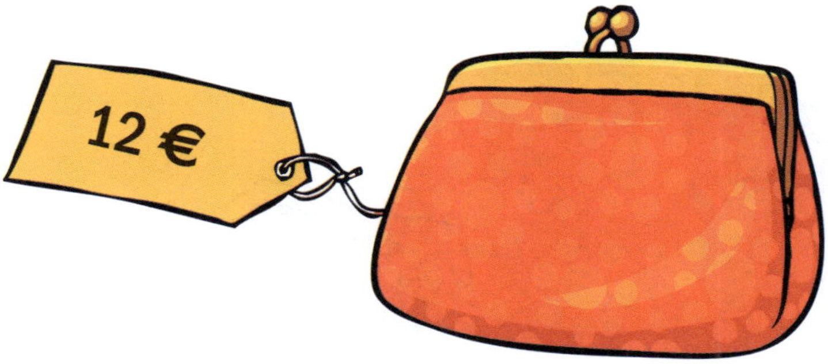

12 € – 9 € = ☐ **€**

Il lui manque ☐ euros.

3 Résous ce problème :

Il reste 2 euros à Ali après l'achat de ce sac.
Combien avait-il avant de l'acheter ?

4 Résous ce problème :

Rachel avait 1 euro.
Il lui reste 65 centimes après l'achat d'un taille-crayon.
Lequel a-t-elle acheté ?

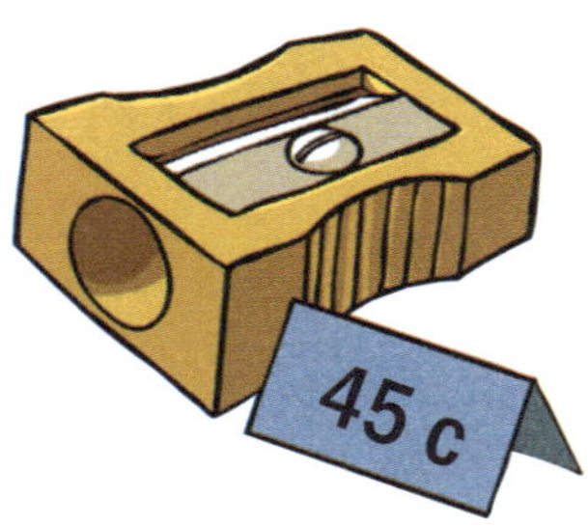

Corrigés

Chapitre 1 • Les nombres de 0 à 10

Leçon 1 • Compter

J'applique : 1. 4 - 1 - 0 - 3 - 2 - 5 - 10 - 6 - 8 - 9 - 7 - **2.** a. oui. b. non. c. non. - **3.** 6 - **4.** b. - **5.** a. - **7.** 10 - **8.** 5 - **10.** a. 7 - 8 - 10 b. 6 - 4 - 3 c. 0 - 4 - 8 - 7 - 2 - 7

Chapitre 2 • Les liens entre les nombres

Leçon 1 • Petites histoires de nombres

J'applique : 1. balançoire ou trébuchet : 2 et 4, garçons ou filles : 3 et 3 - **2.** « 0-6 » - « 2-4 » - « 3-3 » - **3.** avec ou sans étoile : 2 et 5, vert ou rouge : 1 et 6, petits ou grands ballons : 3 et 4 - **4.** « 2-5 » - « 1-6 » - « 0-7 » - **5.** dehors ou dedans : 3 et 5 - **6.** « 2-6 » - « 3-5 » - « 1-7 » - « 0-8 » - **7.** « 0-9 » - « 1-8 » - « 3-6 » - « 4-5 » - **8.** « 0-10 » - « 1-9 » - « 2-8 » - « 3-7 » - « 5-5 » - **9.** a. 2 b. 6 c. 0 d. 2 e. 3 f. 6 g. 9 - **10.** 4 - **11.** « 1-9 » - « 2-8 » - « 3-7 » - « 4-6 » - « 5-5 »

Chapitre 3 • L'addition

Leçon 1 • Petites histoires d'addition

J'applique : 1. a. Il y a 2 poules d'un côté et 4 de l'autre. Il y a 6 poules en tout. b. Il y a 9 tortues : 4 grandes et 5 petites. c. Il y a 3 poissons rouges dans le bocal et 2 en dehors. Il y a 5 poissons en tout. d. Il y a 2 bocaux. Un avec 3 poissons, et l'autre avec 0 poisson. Il y a 3 poissons en tout. **2.** Il y a 4 enfants qui jouent ensemble. 2 enfants les rejoignent. Il y a maintenant 6 enfants en tout. Ou 3 enfants portent des lunettes et 3 enfants n'en portent pas. Il y a 6 enfants en tout. **3.** Il y a 4 hélicoptères au sol. Il y a 1 hélicoptère en vol. Il y a 5 hélicoptères en tout. Ou 3 hélicoptères bleus et 2 rouges. Il y a 5 hélicoptères en tout.

Leçon 2 • Additionner en utilisant les liens entre les nombres

J'apprends : La réponse à toutes les additions est 8

J'applique : 1. 8 - 8 - **2.** 7 - 7 - **3.** a. 6 b. 10

Leçon 3 • Autres méthodes pour additionner

J'apprends : 5 - 6 - 7

J'applique : 1. 7 - **2.** 9 - **3.** 7 - **4.** a. 4 - 5 - 8 b. 6 - 8 - 10 c. 5 - 8 - 10 d. 8 - 9 - 10 - **5.** a. 9 b. 8 c. 7 d. 6 e. 5 f. 4 g. 3 h. 2 i. 1 j. 0 - **6.** 10 : « 3 + 7 » - « 7 + 3 » - « 2 + 8 » - « 9 + 1 » - « 5 + 5 » - « 6 + 4 » - 9 : « 6 + 3 » - « 3 + 6 » - « 2 + 7 » - « 0 + 9 » - « 5 + 4 » - « 8 + 1 »

Chapitre 4 • La soustraction

Leçon 1 • Petites histoires de soustractions

J'applique : 1. a. Il y a 5 grenouilles sur une feuille de nénuphar. Une grenouille a plongé dans l'eau. Il en reste 4 sur la feuille. b. Il y a 9 fruits. 9 d'entre eux sont des ananas. Il y a 6 bananes. c. Il y a 6 enfants. 4 d'entre eux sont des garçons. Il y a 2 filles. d. Il y avait 6 oiseaux dans la cage. Les 6 se sont envolés. Il n'en reste aucun dans la cage.
2. 7 – 2 = 5 : 7 enfants sont à la piscine. 2 d'entre eux sont sortis de l'eau. Il en reste 5 dans l'eau. 7 – 3 = 4 : Il y a 7 enfants. 3 d'entre eux sont des filles. 4 sont des garçons. Il y a 7 enfants. 3 d'entre eux sont blonds. Les 4 autres ont des cheveux de couleur différente. Il y a 7 enfants. 3 d'entre eux ont une bouée. Les autres n'en n'ont pas.
3. Il y a 8 enfants sur la pelouse. 5 parmi eux sont des garçons et 3 sont des filles. Il y a 8 enfants sur la pelouse. 4 enfants ont un cerf-volant. 4 n'en n'ont pas.

Leçon 2 • Soustraire en utilisant les liens entre les nombres

J'apprends : a. 4 - 2 b. 5 - 1 c. 0 - 6 d. 3

J'applique : 1. 4 - 4 - 2. 3 - 3 - 3. a. 6 b. 3 - 4. a. 3 + 2 = 5 / 5 – 2 = 3 / 2 + 3 = 5 / 5 – 3 = 2 b. 7 + 2 = 9 / 9 – 2 = 7 / 2 + 7 = 9 / 9 – 7 = 2

Leçon 3 • Autres méthodes pour soustraire

J'applique : 1. 4 - 2. 5 - 3. 7 - 4. a. 3 – 0 = 3 / 5 – 0 = 5 / 8 – 0 = 8 b. 4 – 1 = 3 / 7 – 1 = 6 / 9 – 1 = 8 c. 5 – 2 = 3 / 6 – 2 = 4 / 10 – 2 = 8 d. 5 – 3 = 2 / 8 – 3 = 5 / 9 – 3 = 6 - 5. a. 5 – 5 = 0 / 5 – 4 = 1 / 5 – 3 = 2 b. 9 – 9 = 0 / 9 – 8 = 1 / 9 – 7 = 2 c. 3 – 2 = 1 / 6 – 5 = 1 / 9 – 8 = 1 d. 6 – 4 = 2 / 7 – 5 = 2 / 8 – 6 = 2 - 6. 4 - 7. a. 7 b. 5 c. 2 d. 1 - 8. a. 9 – 4 / 8 – 3 / 2 + 3 / 5 – 0 b. 7 – 1 / 10 – 4 / 0 + 6 / 9 – 3 c. 8 – 1 / 3 + 4 / 10 – 3 / 9 – 2

Chapitre 5 • Les nombres ordinaux

Leçon 1 • Nommer les positions

J'applique : 1. a. L'enfant B. b. L'enfant J. c. Il est premier - 2. a. la girafe b. le tigre

Chapitre 6 • Les nombres jusqu'à 20

Leçon 1 • Compter et comparer

J'applique : 1. a. 16 b. 17 c. 18 - 2. a. 15 b. 15 c. 15 - 3. a. 14 b. 14 c. 14 - 4. a. 15 b. 18 - 5. 1, 2, 3, 4, 5, 6, 7, 8, 9, 10, 11, 12, 13, 14, 15, 16, 17, 18, 19, 20 / 20, 19, 18, 17, 16, 15, 14, 13, 12, 11, 10, 9, 8, 7, 6, 5, 4, 3, 2, 1. 6. a. 16 - 20 b. 10 - 11 c. 15 - 14 - 12 d. 8 - 14 e. 11 - 9 - 7 - 7. B - 8. A - 9. a. B b. C - 10. a. 17 b. 12 - 11. a. 20 b. 8 c. 8 - 12 - 16 - 20

Leçon 2 • Additionner et soustraire

J'apprends : 13 - 13

J'applique : 1. a. 14 b. 15 - 2. a. 9 + 1 = 10 / 9 + 8 = 17 b. 8 + 2 = 10 / 8 + 6 = 14 c. 1 + 9 = 10 / 3 + 9 = 12 d. 2 + 8 = 10 / 5 + 8 = 13 e. 3 + 7 = 10 / 6 + 7 = 13 - 3. 17 - 4. a. 19 - 19 b. 20 - 20 - 5. 12 - 6. a. 15 b. 12 - 7. 8 - 8. a. 11 – 6 = 5 / 12 – 6 = 6 / 15 – 6 = 9 b. 11 – 7 = 4 / 12 – 7 = 5 / 15 – 7 = 8 - 9. 11 - 10. a. 11 b. 12 c. 16 d. 19 - 11. 9 - 12. a. 8 b. 9 c. 13 d. 16

Chapitre 7 • Les formes

Leçon 1 • Les formes simples

J'applique : 2. a. carré vert : groupe 2 - triangle rouge : groupe 3 - rectangle bleu : groupe 4 - cercle rouge : groupe 1 b. carré vert de taille moyenne : groupe 2 - petit carré vert : groupe 3 – grand cercle vert : groupe 2 c. cercle vert : groupe 3 – triangle rouge : groupe 1 – triangle bleu : groupe 2 - 3. a. oui / non b. non / non c. oui / oui d. oui / oui 4. a. triangle rouge b. rectangle vert horizontal c. triangle bleu d. triangle jaune - 5. a. - c. / b. - f. / d. – e. - 6. a. - d. / b. - c.

Chapitre 8 • La longueur

Leçon 1 • Comparer des longueurs

J'apprends : a. le serpent b. la fourmi c. la girafe d. le singe

J'applique : 1. a. le collier rose b. le collier vert 2. a. la tour rouge b. la tour verte 3. a. C b. B - 4. a. R b. Q

Leçon 2 • Mesurer des longueurs

J'applique : 1. 5 - 1. a. 20

Chapitre 9 • La masse

Leçon 1 • Comparer des masses

J'apprends : a. le ballon b. l'ordinateur

J'applique : 1. a. La règle est plus lourde que le stylo. b. La trousse est plus lourde que la règle. - 2. C : Le bloc vert pèse l'équivalent de cinq billes.

Leçon 2 • Mesurer des masses : peser

J'apprends : a. 7 b. 6

J'applique : 1. a. La boîte A pèse 6 unités. b. La boîte B pèse 8 unités. c. La boîte C pèse 7 unités. d. la boîte B e. la boîte A

Leçon 3 • Le kilogramme

J'applique : 1. a. moins de b. plus de - 2. Les crevettes pèsent 2 kilos.

Chapitre 10 • La comparaison des nombres

Leçon 1 • Comparer deux nombres

J'apprends : Medhi

J'applique : 1. Il y a plus de pingouins que de grenouilles. - 2. Il y a plus de carottes que de lapins. - 3. Il y a plus d'ananas que de bananes. - 4. a. 2. b. 4 - 5. 9 - 6. a. 6 b. 7 - 7. a. 6 - b. 5 - 8. 9 - 9. a. 8 b. 8

Leçon 2 • Comparer par soustraction

J'applique : 1. a. 5 – 3 = 2 - Medhi a 2 robots de moins que Pierre. b. 5 – 3 = 2 - Il y a 2 lapins de plus que de carottes. c. 6 – 4 = 2 - Il y a 2 papillons de moins que d'oiseaux. d. 7 – 4 = 3 - Il y a 3 bananes de plus dans la boîte A que dans la boîte B. e. 7 – 3 = 4 - Léa a 4 poupées de plus que de robots. f. 8 – 3 = 5 - Louis achète 5 ananas de moins que de bananes.

Chapitre 11 • Les tableaux

Leçon 1 • Faire un tableau

J'apprends : a. 6 - 3 - 5 b. 2 c. 1 d. 14

J'applique : 1. a. 5 b. 2 - 2. a. Ali a lu 3 livres. b. Jean est celui qui a lu le plus de livres. c. Alexis a lu 2 livres de plus qu'Ali. d. Les trois amis ont lu 15 livres en tout.

Chapitre 12 • Les nombres jusqu'à 40

Leçon 1 • Compter

J'applique : 1. 25 - 2. 28 - 3. 30 - 4. 34 - 5. 40 - 6. a. 26 b. 26 c. 26 - 7. a. 38 b. 38 c. 38 - 8. a. 24 b. 27 c. 35 - 9. 21 - 23 - 25 - 26 - 29 - 32 - 34 - 35 - 38 - 40 - 10. a. 25 b. 29 c. 38 d. 26 - 11. a. 27 b. 36 - 12. a. 37 b. 14 c. 14 - 24 - 34 - 37

Leçon 2 • Dizaines et unités

J'applique : 1. a. 2 dizaines et 9 unités b. 4 dizaines et 0 unité - 2. a. 30 b. 23 c. 38 - 3. a. 24 b. 34 c. Il y a plus de perles, 10 de plus. - 4. a. 25 b. 34 c. 23 d. 14 - 5. a. 30 b. 39 c. 40 d. 20

Leçon 3 • Additionner et soustraire

J'apprends : a. 5 b. 15 c. 25 d. 35 e. 2 f. 12 g. 22 h. 32

J'applique : 1. a. 28 - 20 b. 30 - 24 c. 39 - 19 - 2. 32 - 3. 29 - 4. a. 30 b. 33 - 5. a. 31 b. 36 c. 40 - 6. a. 19 b. 23 c. 26 - 7. a. 14 b. 22 c. 22

Leçon 4 • Additionner trois nombres

J'apprends : a. 10 - b. 14

J'applique : 1. a. 10 b. 15 - 2. a. 12 - b. 13 c. 14 - d. 18 e. 16 - f. 16 g. 18 - h. 24

Chapitre 13 • La multiplication

Leçon 1 • Additionner des groupes égaux

J'apprends : a. 15 - 15 b. 24 - 24 c. 12 - 12

J'applique : 1. Il y a 6 groupes égaux de lapins. - Il y a 2 lapins par groupe. Il y a 6 groupes de 2 lapins. - Il y a 12 lapins en tout. 2. Il y a 4 groupes égaux de voiliers. - Il y a 5 voiliers par groupe. Il y a 4 groupes de 5 voiliers. - Il y a 20 voiliers en tout. 3. Il y a 4 groupes de 3 carottes. - Il y a 12 carottes en tout. 4. Il y a 5 groupes de 4 gâteaux. - Il y a 20 gâteaux en tout. 5. Il y a 3 groupes de 7 poissons. - Il y a 21 poissons en tout.

Leçon 2 • Petites histoires de multiplications

J'applique : 1. a. Il y a 4 vases. Il y a 3 fleurs par vase. Il y a 12 fleurs en tout. b. Il y a 4 vases. Il y a 5 fleurs par vase. Il y a 20 fleurs en tout. c. Il y a 4 vases. Il y a 8 fleurs par vase. Il y a 32 fleurs en tout. 2. a. Il y a 4 abeilles. Chaque abeille a 6 pattes. Il y a 24 pattes en tout. b. Il y a 6 grenouilles. Chaque grenouille a 4 pattes. Il y a 24 pattes en tout.

Leçon 3 • Multiplier avec un résultat inférieur à 40

J'apprends : a. 12 b. 15

J'applique : 1. 6 - 6 - 2. 20 - 20 - 3. a. $2 \times 5 = 10$ b. $5 \times 2 = 10$ c. $6 \times 3 = 18$ - 4. $3 \times 6 = 18$ - 18 - 5. $5 \times 4 = 20$ - 20

Chapitre 14 • La division

Leçon 1 • Partager et regrouper

J'apprends : 5 - 5

J'applique : 1. 5 - 2. 6 - 3. 7 - 4. 7 - 5. 4 - 6. 4

Chapitre 15 • Les moitiés et les quarts

Leçon 1 • Former des moitiés et des quarts

J'applique : 1. 2 moitiés - 4 quarts - 2. a. - c. 3. a. - b.

Chapitre 16 • L'heure

Leçon 1 • Lire l'heure

J'applique : 1. a. 8 h b. 10 h c. 2 h d. 4 h e. 8 h f. 9 h - 2. a. 4 h b. 4 h 30 c. 5 h d. 8 h 30 e. 11 h 30 - 3. a. 9 h 30 b. 10 h c. 11 h 30 d. 12h e. 1 h f. 1 h 30

Chapitre 17 • Les nombres jusqu'à 100

Leçon 1 • Les dizaines et les unités

J'apprends : 1 - 2 - 3 - 4 - 5 - 6 - 7 - 8 - 9 - 10

J'applique : 1. a. 5 - 50 b. 6 - 60 c. 9 - 90 - 2. a. 7 dizaines et 4 unités b. 6 dizaines et 3 unités - 3. a. 5 dizaines et 3 unités = 53 b. 6 dizaines et 2 unités = 62 c. 4 dizaines et 2 unités = 42 - 4. a. 71 b. 8 - 78 c. 8 - 88 - 5. a. 7 dizaines = 70, soixante-dix b. 8 dizaines = 80, quatre-vingts c. 9 dizaines = 90, quatre-vingt-dix - 6. a. 6 dizaines et 4 unités b. soixante-treize, 7 dizaines et 3 unités c. quatre-vingt-sept, 8 dizaines et 7 unités d. quatre-vingt-douze, 9 dizaines et 2 unités

Leçon 2 • L'ordre des nombres

J'apprends : 27 - 22 - 89

J'applique : 1. a. 65 b. 63 c. 74 d. 54 - 2. a. 50 - 60 b. 56 - 66 - 76 c. 53 - 33 - 23 - 3. a. 62 b. 32 c. 100 d. 70 - 4. a. 85 b. 83 c. 94 d. 74 - 5. a. 70 - 80 - 100 b. 78 - 88 - 98 c. 93 - 73 - 63 - 6. a. 72 b. 82 c. 86 d. 26 e. 66

Leçon 3 • Additionner avec un total inférieur à 100

J'apprends : 57

J'applique : 1. 67 - 2. a. 80 b. 93 - 3. 92 - 4. a. 63 b. 84 c. 76 - 5. 48 - 6. 78

Leçon 4 • Soustraire les nombres inférieurs à 100

J'apprends : 46

J'applique : 1. a. 54 b. 60 - 2. a. 57 b. 76 c. 47 d. 76 - 3. 33 - 4. a. 63 b. 25 c. 64 - 5. 42 - 6. 46

Chapitre 18 • Les euros

Leçon 1 • Les billets et les pièces

J'apprends : 5 - 10 - 5 - 2

J'applique : 1. 95 - 2. 17 - 3. a. 65 b. 52 c. 84 d. 76 e. 43 f. 100 centimes, 1 euro - 4. a. 15 b. 11 c. 35 d. 42 e. 50 f. 56 - 5. a. groupe a b. groupe x - 6. a. le stylo b. le ballon de basket

Leçon 2 • Faire les courses

J'applique : 1. 70 - 70 - 2. 3 - 3 - 3. 20 - 4. le taille-crayon bleu

Édition : Dorothée Rouffiac
Couverture : Primo & Primo
Maquette intérieure : Studioprint et Primo & Primo
Mise en pages : STDI
Illustrations : Philippe Gady et Mahaut Lemoine
Relecture : Stéphanie Boudaille-Lorin
Traduction : Thierry Paillard

Achevé d'imprimer en août 2018
par «La Tipografica Varese Srl» Varese en Italie
N° éditeur : 2018-0442 – Dépôt légal : août 2018

Certifié PEFC
Ce produit est issu de forêts gérées durablement et de sources contrôlées
PEFC/18-31-264
www.pefc-france.org